Conselho Consultivo

Guardião do Futuro e das Boas Práticas de Gestão em Pequenas e Médias Empresas

Robin Pagano

ISBN: 978-65-00-76915-9

Dados Internacionais de Catalogação na Publicação (CIP)
(Câmara Brasileira do Livro, SP, Brasil)

Pagano, Robin
    Conselho consultivo: guardião do futuro e das boas práticas de gestão
em pequenas e médias empresas / Robin Pagano. -- Porto Alegre, RS :
Ed. do Autor, 2023.

    Bibliografia.
    ISBN 978-65-00-76915-9

    1. Administração de empresa 2. Estratégia
empresarial 3. Governança corporativa 4. Pequenas
e médias empresas - Administração I. Título.

23-167467   CDD-658.4

Índices para catálogo sistemático:

1. Governança corporativa : Administração de
    empresas 658.4
2. Governança corporativa : Empresas : Administração
    executiva 658.4

Tábata Alves da Silva - Bibliotecária - CRB-8/9253

Para...

fundadores, sócios, empresários e executivos de pequenas e médias empresas, como uma contribuição ao aperfeiçoamento e assertividade na tomada de decisão estratégica e sustentabilidade dos negócios,

Board Academy, seus executivos e instrutores, pelo aprendizado oportunizado no Programa de Formação e Certificação de Conselheiros,

minha esposa, Elisete, pelo incentivo em mais uma jornada de busca de conhecimento e pelo apoio na revisão dos textos desta obra.

ÍNDICE

PREFÁCIO

Em um cenário de negócios em constante evolução, caracterizado pela incerteza, complexidade e ritmo acelerado de mudança, a governança corporativa eficaz tornou-se mais vital do que nunca. "Conselho Consultivo: Guardião do Futuro e das Boas Práticas de Gestão em Pequenas e Médias Empresas" do amigo e conselheiro Robin Pagano, aborda essa necessidade crucial, fornecendo uma visão abrangente, prática e perspicaz do papel dos conselhos consultivos na contemporaneidade.

A obra é mais que um guia prático. É um tratado, dividido em seções meticulosas, que explora desde os fundamentos básicos da governança corporativa até os aspectos mais complexos de ética e transformação digital. Ela promete ser uma leitura indispensável para empresários, executivos, estudantes e todos aqueles envolvidos com o desenvolvimento e a gestão de pequenas e médias empresas.

No primeiro segmento do livro, Pagano mergulha nos fundamentos do conselho consultivo, descrevendo suas funções, responsabilidades e potencial para alavancar resultados. Pagano habilmente examina a interseção entre negócios e sociedade, introduzindo o conceito de responsabilidade social corporativa.

A segunda parte trata das boas práticas, explorando as habilidades, relacionamentos e mentalidades necessárias para criar e manter um conselho consultivo de alto impacto. Esta seção destila sabedoria prática e oferece conselhos acionáveis, evidenciando a importância de decisões colegiadas bem orquestradas e comunicação efetiva.

Na terceira e última parte, Pagano traz à tona a aplicação prática do conselho consultivo, destacando seu papel como guardião do futuro e facilitador da mudança organizacional e cultural. A cobertura de temas como transformação digital e inovação, bem como o olhar especial sobre as empresas familiares, torna esta parte particularmente relevante no mundo de negócios atual.

O que se destaca em "Conselho Consultivo" é a habilidade do autor em tecer conceitos teóricos com aplicações práticas, tornando a leitura tanto uma jornada educacional quanto uma ferramenta para ação. O livro desafia os leitores a refletirem sobre suas próprias práticas de governança, encorajando-os a se tornarem agentes de mudança em suas organizações.

Este livro não é apenas uma adição valiosa à literatura de negócios, mas uma contribuição essencial para entender como as pequenas e médias empresas podem ser lideradas e governadas com sucesso em um mundo em constante transformação.

Com "Conselho Consultivo: Guardião do Futuro e das Boas Práticas de Gestão em Pequenas e Médias Empresas", Robin Pagano nos oferece uma visão clara e inspiradora de um caminho a seguir. A todos aqueles comprometidos com a excelência em governança e gestão, este livro é uma leitura obrigatória.

Farias Souza
CEO – Board Academy

12 CONSELHO CONSULTIVO
– Guardião do Futuro e das Boas Práticas de Gestão em Pequenas e Meias Empresas

APRESENTAÇÃO

*"Existem cinco tipos de empresas: aquelas que fazem as coisas
acontecerem; aquelas que acham que fazem as coisas acontecerem;
aquelas que observam as coisas acontecendo; aquelas que se surpreendem
quando as coisas acontecem; e aquelas que não sabem o que aconteceu."*

Autor desconhecido

Nesta obra, nosso tema de interesse gira em torno da Governança Proativa, em especial do órgão de aplicação o Conselho Consultivo, tratando de seus fundamentos, funcionamento, práticas, e demais questões que permeiam esses tópicos.

Na **Introdução** são abordados conceitos básicos sobre Governança Corporativa e as formas de organização de conselhos – de administração, consultivo, fiscal, de família –, estruturas que permitem colocar a governança em prática, avançando pelos fundamentos da Governança Proativa, praticada por meio de Conselhos Consultivos.

No Capítulo 1, **Fundamentos do Conselho Consultivo**, são apresentados os conceitos, princípios e objetivos do Conselho Consultivo. Também é discutida a função social das empresas além da geração de lucro.

No Capítulo 2, **Boas Práticas do Conselho Consultivo**, são abordados os aspectos funcionais do Conselho Consultivo, seus ritos, rituais e rotinas, seus deveres e responsabilidades, e papéis-chave a cargo de alguns de seus membros. Também são tratadas as decisões colegiadas e habilidades de relacionamento (*soft skills*) necessárias aos conselheiros. Ainda são explorados os conselhos de alto impacto no futuro da empresa e seus negócios.

No Capítulo 3, **O Conselho Consultivo em Ação**, são apresentados os temas que cabem ao Conselho Consultivo tratar junto ao corpo diretivo da empresa, chegando a aconselhamentos e recomendações sobre o andamento dos negócios. São abordados os temas de base a cargo do conselho: direcionamento estratégico, acompanhamento de resultados por meio de indicadores de performance, análise de demonstrações econômico-financeiras, ética e compliance, comunicação corporativa, desenvolvimento da nova liderança, mudança cultural, inovação e transformação digital, transformação da sociedade por meio dos negócios, e o conselho em empresas familiares.

E, na **Conclusão** fechamos reforçando a importância e vantagem competitiva ao contar com um Conselho Consultivo, constituído por membros com perfil diversificado, profissionais experimentados em negócios com elevada capacidade de estabelecer conexões, gerando alto valor à empresa.

INTRODUÇÃO

"O primeiro método para estimar a inteligência de um governante é olhar para os homens que ele tem ao seu redor."

Niccolò Machiavelli

Antes de nos focarmos no Conselho Consultivo como órgão de governança para empresas de médio e pequeno porte, é importante entendermos o que é Governança Corporativa, seu conceito, seus princípios e pilares, e suas estruturas de implementação.

Governança Corporativa

O IBGC (Instituto Brasileiro de Governança Corporativa) define Governança Corporativa (CG) como "um sistema formado por princípios, regras, estruturas e processos pelo qual as organizações são dirigidas e monitoradas, com vistas à geração de valor sustentável para a organização, para seus sócios e para a sociedade em geral. Esse sistema baliza a atuação dos agentes de governança e demais indivíduos de uma organização na busca pelo equilíbrio entre os interesses de todas as partes, contribuindo positivamente para a sociedade e para o meio ambiente."

A governança corporativa facilita e consolida a construção de confiança, tanto internamente quanto com parceiros do negócio, clientes e demais partes interessadas, por meio de ações fundamentas em seis pilares, desdobrados dos princípios básicos da GC – integridade, transparência, equidade, responsabilização (*accountability*) e sustentabilidade:

Ética e integridade – é um imperativo moral e fator decisivo para a continuidade dos negócios que os líderes das organizações promovam uma cultura de integridade, em que as pessoas pratiquem a confiança, o respeito, a empatia e a solidariedade.

Diversidade e inclusão – uma cultura empresarial baseada em diversidade e inclusão, além de assegurar um valor humano fundamental – o respeito à diversidade – é fonte permanente de criatividade e longevidade. Líderes devem agir com urgência e comprometer-se em assegurar tratamento justo e oportunidades iguais para todos, sobretudo na promoção de equidade de gênero e raça.

Ambiente social – a atuação dos líderes na gestão dos impactos ambientais e sociais deve ir além da agenda institucional. É fundamental integrar essas questões ao modelo de negócio e promover a articulação da organização com os diversos setores da sociedade.

Inovação e transformação – a inovação deve ser a base de uma visão de futuro que objetiva o desenvolvimento sustentado da organização. Os líderes devem tomar decisões coerentes com o propósito e a estratégia do negócio, gerenciar os riscos do processo e ter disciplina para colher os resultados das ações no tempo certo e gerar valor para todas as partes interessadas.

Transparência e prestação de contas – os líderes devem promover a transparência e prestar contas de sua atuação a partir de um diálogo aberto com as diferentes partes interessadas, identificando seus interesses e expectativas, a fim de obter mais confiança e melhores resultados.

Conselhos do futuro – para que atuem como agentes de transformação e catalisadores da adaptabilidade e da agilidade das organizações, os conselhos devem ser compostos com maior foco em diversidade e competências socioemocionais. Disposição para questionar, ouvir ativamente, respeitar outras visões, ousar, desaprender e reaprender são condições essenciais para explorar novas formas de gerar valor e viabilizar as transformações necessárias.

Com incerteza extrema no cenário competitivo, pela velocidade das inovações, profusão de dados, mudanças contínuas e riscos, entre outros fatores, ações de governança permitem às organizações mais assertividade na tomada de decisão e, consequentemente, melhores entregas às partes interessadas e sustentabilidade aos resultados dos negócios.

Estruturas da Governança Corporativa

Conselhos são estruturas de que permitem colocar em prática a governança, podendo ser constituídos por membros:

- Internos, com diretores ou funcionários da organização;

- Externos, com membros sem vínculo com a organização, mas não independentes - por ex., ex-diretores, profissionais que prestam serviços, parentes e outros; e

- Independentes, com membros que não possuem qualquer tipo de relação - familiar, de negócios, etc. - com sócios com participação relevante nos negócios da organização.

Duas das principais estruturas de conselhos, similares em seus objetivos, mas com escopo de atuação distinto, são o conselho de administração e conselho consultivo:

Conselho de Administração – tem caráter deliberativo, sendo aconselhável um número ímpar de membros (entre 5 e 11), com mandatos não superiores a 2 anos podendo haver reeleição. Além de decidir os rumos estratégicos do negócio, compete ao conselho de administração monitorar a diretoria e atuar como elo de ligação desta com os sócios da empresa.

Conselho Consultivo – tem caráter de aconselhamento e proposição de recomendações, sendo aconselhável um número ímpar de membros (mínimo de 3), com mandatos não superiores a 2 anos podendo haver reeleição. Útil para empresas fechadas, podendo ser são uma alternativa transitória ao Conselho de Administração, seguindo as mesmas práticas desse.

Há ainda outras estruturas de conselho, o fiscal, o de família, e o *lean governance*:

Conselho de Família – suporta o grupo de membros da família empresária, sendo ou não sócios da empresa, na manutenção de assuntos de ordem familiar separados dos assuntos da organização evitando interferências indevidas sobre os negócios por assuntos de interesse exclusivo da família. Pode agir como mediador de conflitos.

Conselho Fiscal – fiscaliza e acompanha atos dos administradores da empresa, garantindo o cumprimento do estatuto, dos deveres legais e das políticas internas. Analisa as demonstrações financeiras e operações da empresa, emitindo pareceres e opiniões. Reporta-se aos sócios.

Lean Governance – é um modelo de atuação de GC para Startups (empresas embrionárias) com o objetivo de evitar o fracasso do empreendimento. Conforme avança a maturidade da Startup, atravessando as fases de ideação, validação, tração e escala, o enfoque de atuação vai se ajustando sobre cinco pilares: estratégia & sociedade, pessoas & cultura, propriedade intelectual, processos & *accountability*, e marca & comunicação.

Além dessas estruturas de governança, como apoio a esses conselhos, dependendo da necessidade, porte da empresa e outros aspectos a considerar, podem ser formados comitês, constituídos por membros do conselho e outros membros como especialistas no tema em desenvolvimento. Por exemplo, podemos ter comitês de mudança cultural, de inovação, de transformação digital, de riscos, de recursos humanos, de responsabilidade social, de sucessão, e outros.

Dado o objetivo desta obra, apresentar de modo pragmático o Conselho Consultivo, sua funcionalidade, ações e benefícios gerados às empresas, deste ponto em diante essa será nossa área específica de estudo, a governança empresarial proativa praticada por Conselhos Consultivos.

Governança Proativa

Há uma oportunidade, e porque não dizer uma necessidade a ser suprida, para empresas de pequeno e médio porte, muitas das quais fundadas e dirigidas por um empreendedor solo ou dois ou três sócios, algumas já incorporando membros da 2ª e/ou 3ª geração da família.

Empresas de pequeno e médio porte fechadas, familiares ou não, têm necessidades e demandas muitas vezes não plenamente supridas por seu corpo diretivo (fundadores e executivos), quanto a antecipação a problemas e protagonismo no ambiente competitivo. A Governança Proativa (GP) é um sistema focado na resposta a essas questões, com ações preventivas. Suas práticas proveem aconselhamentos e recomendações objetivas à empresa, para preservar e otimizar seu valor econômico, melhorando a qualidade decisória.

Conselho Consultivo

No início de um empreendimento tudo é muito novo e desafiador, há muito esforço para fazer o negócio decolar, mas também há muita energia disponível por parte dos empreendedores. É um período de aprendizados, de tentativas com acertos e erros, inúmeros e esperados ajustes de rota, e comemorações por conquistas alcançadas.

Com a empresa ganhando escala, conquistando seu espaço no mercado, logo surgem desafios maiores. O negócio que ganhou visibilidade, também ganha concorrentes. Os fundadores até então atuavam muito mais como gestores da operação, cuidando do dia a dia, procurado preservar o terreno conquistado garantindo a sustentabilidade de curto prazo. Então, percebem que apenas isso (que, diga-se de passagem, não é pouca coisa, tem muito mérito) já não basta para levar a empresa ao futuro.

Esse é um momento em que empreendedores, assumindo o papel de executivos de negócios, começam a sentir o conhecido isolamento da liderança para uma tomada de decisão, para realizar análises mais elaboradas e ter confiança na assertividade das escolhas estratégicas, mas sem perder de vista a operação do dia a dia.

Como evitar esse desconforto, essa falta de ter com quem discutir os negócios? Aqui entra a agregação de valor oportunizada por um Conselho Consultivo, como órgão de governança proativa, promovendo avaliações e análises de cenários competitivos com visão ampla e percepções distintas sobre ameaças e oportunidades, levando ao aconselhamento e a recomendações acerca do melhor rumo a seguir pela empresa.

Nestes tempos de mudanças aceleradas no ambiente dos negócios, um Conselho Consultivo agrega valor imprescindível às empresas de pequeno e médio porte, ao oxigenar as ideias sobre os negócios, incorporando à organização novas visões sobre o futuro e amplas percepções de impactos sobre a competitividade decorrentes da evolução tecnológica, das alterações nos costumes, de novas exigências da sociedade, de novas regulamentações, entre outros aspectos.

Os principais desafios da agenda do Conselho Consultivo com a dinâmica na mudança de prioridades ao longo do tempo, giram em torno do ambiente regulatório e políticas públicas, da cultura e propósito da organização, do planejamento estratégico de longo prazo e alocação de recursos, dos resultados (performance e metas econômico-financeiras e operacionais), da transformação digital e uso adequado de tecnologias, e dos relacionamentos dos negócios na cadeia de valor e com clientes.

1
Fundamentos do Conselho Consultivo

Neste capítulo vamos entender os conceitos, princípios e objetivos do Conselho Consultivo, bem como reconhecer a função social das empresas que está além da geração de lucro.

Alavancando Resultados em Pequenas e Médias Empresas

"A dificuldade reside não tanto em ter ideias novas, mas em escapar das antigas"

J. M. Keynes

Conselhos são uma estrutura de implementação de governança, um sistema de tomada de decisão e acompanhamento de ações e resultados comum às organizações de grande porte, em particular as listadas em bolsas. Mas esse não é o ponto em discussão aqui, e sim a oportunidade dessa prática ser aplicada a médias e até pequenas empresas, desde que bem entendida sua atuação e ajustadas suas ações a cada caso, com um enorme poder de impacto sobre a competitividade e, portanto, crescimento e perenidade das organizações que a adotam.

Não há uma única definição de pequena ou média empresa. Se tomarmos o IBGE como referência, a classificação se dá pelo setor e número de funcionários, sendo consideradas pequenas indústrias com 20 a 99 colaboradores e médias com 100 a 499, e nos setores de serviços e comércio pequenas contando com 10 a 49 colaboradores e médias com 50 a 99. Por sua vez, se a referência for o BNDES a classificação tem como base a Receita Operacional Bruta (ROB), com pequenas empresas situando-se na faixa entre R$ 360 mil a R$ 4,8 milhões ano e as médias com renda anual de R$ 4,8 milhões até R$ 300 milhões.

Em sua grande maioria, as empresas de pequeno e médio porte têm origem familiar, seja por iniciativa de uma única pessoa da família ou por uma associação de membros. Isso costuma trazer algumas consequências inerentes à gestão da empresa, entre elas a centralização de poder com o isolamento da liderança empreendedora na tomada de decisão.

Com o empreendimento se consolidando, transformado em uma empresa estabelecida, surgem dessas consequências dificuldades naturais para a profissionalização da gestão da empresa na tomada de decisão e mitigação de riscos, o que pode levá-la a caminhos tortuosos em sua jornada de desenvolvimento e até à sua extinção. Como então resolver isso da melhor forma possível? Com uma governança proativa e seu órgão de aplicação, o Conselho Consultivo.

Conselho Consultivo

O Conselho Consultivo, diferentemente de um Conselho de Administração, tem caráter de aconselhamento (não deliberativo) reportando-se à alta direção da empresa. Sua atuação tem como escopo avaliações e recomendações sobre os rumos da organização com:

- Apoio à formulação da estratégia empresarial, como foco em sustentabilidade e ganhos de competitividade;

- Atividades específicas como, por exemplo, inovações, transformação digital, segurança da informação e implementação de boas práticas ambientais, sociais e de governança (ESG - *Environmental, Social, and Governance*);

- Expansão do networking de negócios, conectando profissionais e empresas para benefícios mútuos.

Contando com o apoio de um Conselho Consultivo, a qualidade decisória sobre os negócios ganha precisão, tempestividade e maturidade. A incerteza do ambiente dos negócios, cada vez mais presente e em patamares elevados, deixa de ser um grande problema, iniciativas de antecipação podem ser previstas, planejadas e executadas.

Um Conselho Consultivo, formado por profissionais experientes (três já é um bom número) no entendimento de negócios, com percepções aguçadas sobre movimentos de mudança e com competências em áreas complementares, vai agregar valor sem igual à organização. Com isso os negócios ganham robustez contra imprevistos, com a prevenção de problemas e agilidade adaptativa às mudanças do ambiente.

E, diferentemente do que, possivelmente, alguns ou muitos empresários de organizações de pequeno e médio porte pensam, a adoção de um Conselho Consultivo está ao seu alcance. Há um paradigma a ser rompido, uma mudança de mentalidade de "isso não é para meu negócio, é complexo e oneroso" para "preciso manter minha empresa em linha com as melhores práticas de estratégia e gestão".

Empresários alinhados com os novos tempos – sócios ou executivos de alta posição – estão abertos e atentos a uma mudança em curso no mundo dos negócios, o movimento dos Conselhos Consultivos. É muito melhor ser um pioneiro fazendo parte ativa da mudança mantendo-se à frente na preferência do mercado, do que ser um seguidor chegando atrasado e perdendo oportunidades. Ao experimentar a adoção de um Conselho Consultivo é possível ver a mudança proativa acontecer nos negócios.

A Função Social da Empresa

"Para conseguir grandes coisas, é necessário não apenas planejar, mas também acreditar; não apenas agir, mas também sonhar."

Anatole France

Antes de discutirmos os aspectos sociais de uma empresa é importante entender que sem lucro não há como endereçar questões sociais. O Conselho Consultivo, como órgão de governança, exerce um papel fundamental na guarda da sustentabilidade dos negócios, garantia do lucro que gera capacidade para investimentos sociais.

Quando falamos na função social de uma empresa, estamos focando além do lucro, além da distribuição de resultados aos *shareholders* (sócios e investidores), estamos pensando nas diversas partes interessadas (*stakeholders*) dos negócios, entre empresas parceiras, órgãos públicos, sindicatos e associações de classe, e outras, mas principalmente a sociedade impactada por esses negócios.

Empresas podem desempenhar um papel importante na solução de problemas sociais. Uma empresa pode realizar serviços voluntários à sociedade, que estejam ao seu alcance dadas suas competências e capacidades. Uma produtora de alimentos pode direcionar parte de sua produção para bancos de alimentos, ou colaborar com produtores agrícolas no desenvolvimento de práticas sustentáveis. Uma empresa de serviços financeiros pode oferecer microcrédito com condições facilitadas a empreendedores. Fabricantes de produtos eletrônicos podem trabalhar com logística reversa para reciclar produtos obsoletos ou danificados reduzindo potenciais danos ambientais.

A função social de uma empresa nem sempre é clara, e precisa estar em linha com seu objeto social. Empresas conscientes de seu papel social devem tomar decisões e agir de modo a beneficiar tanto seus sócios e investidores quanto a sociedade. Atenção especial deve ser dada aos impactos sociais negativos decorrentes de suas decisões. Por exemplo, deve compreender que ao decidir mudar suas operações de um local (estado ou país) com custos (trabalhistas, encargos legais, logísticos, etc.) mais baixos, isso fatalmente significará perda de empregos e diminuição na arrecadação de impostos (para aplicação em benefícios sociais) no local de origem.

Há uma tendência crescente para a responsabilidade social das empresas, reforçada pelo movimento do

Capitalismo Consciente, que congrega pessoas e empresas que entendem que negócios devem gerar valor para todos as partes impactadas. Nem sempre ações de responsabilidade social serão diretamente lucrativas, mas podem ampliar o alcance dos negócios no longo prazo. Entendendo sua função social e operando de modo responsável, as empresas estabelecem relações de confiança com seus clientes, atraem funcionários talentosos e engajados, o que contribui para a geração de vantagem competitiva.

De modo geral, como exemplos específicos da função social das empresas podemos destacar:

- Fornecimento de bens e serviços – Por meio de seus bens e serviços as empresas solucionam problemas da sociedade. Isso fica mais evidente quando pensamos em produtos essenciais como alimentos, educação e abrigo, mas também em produtos não essenciais como entretenimento e artigos de luxo.

- Geração de empregos – As empresas contribuem para o crescimento da economia e melhoria das condições sociais, pela criação de empregos e a transferência de parte de seu lucro em forma de salário e benefícios aos trabalhadores e suas famílias.

- Promoção de sustentabilidade – As empresas podem promover a sustentabilidade reduzindo seu impacto ambiental desenvolvendo bens e serviços ecologicamente corretos.

Organizações da sociedade, que produzem bens e serviços que atendem necessidades de clientes, revolvendo problemas ou facilitando trabalhos necessários, são formadas por pessoas e para pessoas. Sendo assim, como uma maneira prática de dar destaque à sua função social, pode se utilizar do artifício de substituir a expressão "partes interessadas" por "pessoas impactadas".

A função social de uma empresa é um mecanismo vivo, em constante evolução. A sociedade muda, mudam as expectativas dos clientes e demandas dos órgãos de controle, obrigando as empresas a mudarem para se adaptarem. Empresas conscientes que compreendem sua função social de modo amplo, comprometidas e com iniciativas nesse sentido, certamente colherão benefícios indiretos (como a preferência do mercado) em longo prazo.

Aspectos jurídicos e societários sobre iniciativas sociais

Há aspectos importantes a considerar na elaboração do contrato social. Em empresas fechadas, de pequeno e médio porte, a responsabilidade dos sócios sobre eventuais impactos negativos da atividade empresarial fica limitada proporcionalmente às suas quotas de participação integralizadas na sociedade.

O contrato social, documento que certifica a existência da empresa, define as informações que regulam o funcionamento da sociedade. Assim, nesse documento pode ser estabelecida sua função social de várias maneiras, por exemplo, definindo interesses de seus colaboradores, clientes, bem como sobre seu impacto para o meio ambiente. Isso pode ajudar a garantir que a empresa opere de maneira socialmente responsável, com repercussão significativa em sua reputação.

Além disso, as empresas, sujeitas ou não por regulamentações que as obriguem, podem produzir relatórios sobre seu desempenho em aspectos sociais e ambientais. Isso ajuda a gerar percepções positivas sobre sua transparência e responsabilidade, indo ao encontro da conscientização sobre seu impacto social.

Ainda, empresas podem adotar uma política de responsabilidade social, como um compromisso voluntário de operar de modo benéfico para a sociedade. A política pode incluir uma série de iniciativas, como doações para instituições de caridade, apoio às comunidades locais e redução do impacto ambiental.

Levando em consideração seu objeto social, e os aspectos legais e corporativos de seus negócios, com iniciativas visíveis as empresas podem garantir à sociedade que estejam operando de modo responsável.

Isso ajuda a construírem uma reputação positiva que atraia clientes e investidores.

O Conselho Consultivo, e cada conselheiro individualmente, no exercício de seu papel de governança, devem observar as normas relativas aos deveres e responsabilidades da empresa e de seus administradores. Igualmente devem estar atentos a sua própria responsabilidade sobre suas ações com impactos sociais.

2
Boas Práticas do Conselho Consultivo

Neste capítulo abordaremos os aspectos funcionais do Conselho Consultivo, seus ritos, rituais e rotinas, seus deveres e responsabilidades, e os papéis-chave a cargo de alguns membros do conselho. Também discutiremos aspectos de decisões colegiadas e habilidades de relacionamento (*soft skills*) necessárias aos conselheiros. E, exploraremos os conselhos de alto impacto no futuro da empresa e seus negócios.

Funcionamento do Conselho Consultivo

"Deve-se pensar muitas vezes, deve-se decidir de uma só vez."

Publílio Siro

Empresas fechadas (sociedades anônimas não listadas em bolsa) e limitadas de pequeno e médio porte podem ampliar sua vantagem competitiva ao adotarem um

Conselho Consultivo, que entre outros benefícios agrega valor à organização em seu pensar estratégico e sua governança. Pelo pensar estratégico as empresas terão uma maior clareza sobre seu rumo ao futuro desejado, e pela governança terão seus relacionamentos fortalecidos com os *stakeholders* (sócios, diretoria, órgãos de fiscalização e controle, parceiros de negócio e clientes).

Atuando no aconselhamento aos líderes (fundadores, sócios e executivos), com recomendações em tomadas de decisão sobre questões estratégicas e acompanhamento de resultados, a empresa ganha robustez em seus negócios pela ampliação de seu valor.

O conselho, um órgão colegiado, contando com profissionais externos independentes e isentos, protege os interesses da empresa, promovendo ampla discussão e registro de decisões sobre os rumos a seguir e o monitoramento de sua gestão. A escolha dos conselheiros deve considerar sua isenção quanto a conflitos de interesse, seu entendimento sobre deveres e responsabilidades, e seu alinhamento aos valores e interesses da empresa. Sua atuação deve ser autônoma, racional e diligente, sempre fundamentada em fatos e dados externos (cenários de competição, regulamentações, comportamento dos clientes, ...) e internos (resultados econômico-financeiros, realização do plano de negócios, conflitos entre sócios, ...).

Deveres do Conselho Consultivo

Há três deveres básicos que os conselheiros devem compreender e colocar em prática: cuidar, ser leal e obedecer.

O dever de cuidar está associado ao cumprimento do Regimento Interno do Conselho e de promessas, fazendo uso de suas melhores habilidades. Assim, os conselheiros devem:

- Participar ativamente das reuniões, preparando-se pela análise de relatórios internos previamente recebidos

- Aprofundar seu conhecimento sobre o mercado de atuação dos negócios

- Manter comunicação aberta com o executivo maior da empresa, tanto quanto com os demais conselheiros

- Fazer follow-up sobre os pontos discutidos e decisões do conselho

- Apoiar iniciativas de comitês (quando esses existirem)

O dever de obedecer implica seguir as diretrizes e regras da boa governança, entendendo claramente o que podem e o que não podem fazer. Para isso, os conselheiros devem conhecer os acordos societários e os documentos da governança como, por ex., código de conduta e normas de relacionamento com *stakeholders*.

E, o dever de ser leal passa por incorporarem e serem embaixadores do propósito e da missão da empresa, estarem plenamente alinhados aos valores organizacionais e à visão de futuro, atuando sempre no melhor interesse dos negócios.

Responsabilidades do Conselho Consultivo

Uma boa prática para compreender o conselho, de modo a ter clareza sobre suas responsabilidades, é definir seus princípios, fundamentos, diretriz e recursos necessários.

Tomando como referência as orientações sobre boas práticas de governança preconizadas pelo *Advisory Board Centre*, há cinco princípios-chave que conectam as responsabilidades dos conselhos considerando propósito, processo e pessoas:

- **Propósito** – escopo claro definido pelos sócios e conhecido pelos conselheiros. Caso não exista ou não esteja claro, cabe aos conselheiros questionarem os sócios

- **Processo** – estrutura & disciplina do conselho, e avaliação de suas contribuições

- **Pessoas** – conselheiros independentes e plenamente alinhados ao propósito do conselho

Conselhos podem ser formados com responsabilidades específicas como, por exemplo, profissionalização da gestão de empresa, expansão dos negócios (diversificação ou internacionalização), melhoria do compliance e questões ESG, abertura de capital, sucessão e reestruturação societária, inovação e transformação digital, e outras.

Papéis no Conselho Consultivo

Independentemente do tipo de empresa, segmento ou ramo de atuação, porte, com administração familiar ou profissionalizada, há alguns papéis de membros do conselho que são comuns:

- Presidente do Conselho, conduz as discussões dando andamento à uma pauta definida em conjunto com o principal executivo da empresa, estabelece objetivos e metas e garante sua busca, permanece acessível aos membros do conselho, e propõe a criação de comitês

- Vice-presidente, o futuro líder do conselho, dá suporte ao Presidente substituindo-o em caso de ausência, atua em comitês

- Secretário, prepara e divulga a agenda de reuniões, distribui material de consulta prévio às reuniões (informações sobre resultados, fatos e dados sobre os temas da pauta), prepara a ata oficial com o registro das discussões e decisões distribuindo-a aos conselheiros antes da próxima reunião

Uma característica comum aos membros de conselhos é proatividade em sua autoaprendizagem continuada assumindo atitude e ações de um *lifelong learner*.

O Dia a Dia do Conselho Consultivo

"Excelência é uma habilidade conquistada por meio de treinamentos e prática. Somos aquilo que fazemos repetidamente. Excelência, então, não é um ato, mas, um hábito."

Aristóteles

Ritos, Rituais e Rotinas ajudam a colocar as coisas em ritmo, estabelecendo um estado de fluxo, facilitando concentração e disciplina para realizar o que precisa ser feito. Ou seja, criam hábitos que ajudam a construir consistência, confiança e constância.

Ritos de trabalho são o conjunto das regras, das cerimônias, do que se faz por hábito, por costume. É a reunião de normas estabelecidas socialmente, como por ex., ritos de passagem. No conselho, estão associados à análise da situação, passando pelo posicionamento estratégico, resultados operacionais e econômico-financeiros, desafios a enfrentar, e outros aspectos dos negócios.

Rituais são as práticas e ações que facilitam a condução dos Ritos. No conselho, por exemplo, definem os relacionamentos (agendas formais e informais), o monitoramento da evolução dos negócios, atualizações sobre o ambiente interno e externo, conexões e interações com *stakeholders* (partes interessadas) dos negócios, avaliações entre expectativas e realidade, etc.

Rotina é a sequência de ações determinadas em procedimentos. Reflete a maneira como se realiza alguma coisa, de modo habitual e disciplinado. No conselho, passa pela definição dos membros participantes (fundadores, investidores, conselheiros, líderes,...), da periodicidade (frequência, duração, sob demanda, online ou presencial), e da dinâmica (pauta, ferramentas de apoio, preparação e distribuição de material prévio, etc.).

Decisões Colegiadas e Relacionamentos no Conselho Consultivo

"Empreguemos apenas a razão para combater opiniões, pois ninguém mata ideias a tiro."

Antoine Rivarol

Uma das principais contribuições do Conselho Consultivo às empresas é oxigenar o pensar estratégico da organização, apoiando os sócios e executivos na análise de cenários competitivos, com uma visão holística dos negócios, culminando no aconselhando sobre os rumos a seguir para manter e ampliar a competitividade da empresa.

Conselheiros aportam seu conhecimento e sua experiência em negócios, facilitando a identificação e a análise de oportunidades, para tomada de decisões com foco no futuro, com recomendações para a sustentabilidade e competitividade empresarial. Há um olhar para além das normas e políticas vigentes, a consideração das diferentes percepções dos conselheiros e uma divergência de pensamentos que produz novas ideias. Os debates podem vir a ser duros com os egos de cada membro do conselho muito presentes. Certamente haverá desconfortos com colocações antagônicas, mas as decisões serão colegiadas, ou seja, acatada determinada recomendação essa deve ser abraçada por todos os membros do conselho com o mesmo afinco.

Decisões colegiadas

Após debater pontos de vista com sugestões de caminhos a seguir e chegar a um caminho preferencial, resta ao conselho e empresa manterem-se firmes na trilha. Caso haja algum desvio dos objetivos e diretrizes traçados, não podem ocorrer posicionamentos do tipo "vejam bem, essa não foi minha recomendação". Não há espaço para ressentimentos com posturas do tipo "fui voto vencido". Isso não faz parte de uma decisão colegiada, amplamente discutida e consensada, que deve ser totalmente incorporada pelos membros do conselho.

Tomando como referência os achados e conclusões apresentados por James Surowiecki (escritor da revista The New Yorker, com artigos sobre negócios e finanças), em sua obra A Sabedoria das Multidões, com a livre transposição de uma multidão para um colegiado (um pequeno grupo de pessoas), trago algumas premissas e sugestões sobre como chegar a melhores decisões colegiadas.

Sobre certas circunstâncias, uma decisão colegiada tende a ser mais inteligente do que a de um único tomador de decisão, por mais capacitado que seja no tema. Essa, inclusive, é uma das vantagens para a empresa que conta com um Conselho Consultivo. Mesmo que a maioria dos conselheiros não seja especializado no tema em análise, a decisão coletiva tende a ser sábia levando à melhor alternativa.

Para que o Conselho Consultivo, um órgão colegiado, tome decisões sábias é uma boa prática considerar algumas condições de contorno: diversidade de opiniões (informação pessoal, mesmo que excêntrica), independência (as opiniões de cada membro não são influenciadas) e agregação (transformação de avaliações individuais em decisão coletiva).

Diversidade de opinião – Dado que sempre há um conjunto variado de decisões possíveis, faz diferença ter um grupo de conselheiros diversificado, multidisciplinar. A diversidade (conceitual e cognitiva) é especialmente importante em pequenos grupos e organizações formais (como empresas). Diferentes perspectivas vêm de pessoas com características pessoais (conhecimentos, experiências, habilidades) diversas. Quando tomadores de decisão têm visão de mundo e disposições similares, facilmente se tornam presas do pensamento grupal.

Independência – Um conselho tem mais probabilidade de chegar a uma boa decisão se os membros do colegiado forem independentes uns dos outros. Independência, no caso, significa uma relativa liberdade da influência dos outros. Isso impede que eventuais erros analíticos cometidos pelos membros sejam correlacionados. Indivíduos independentes têm maior probabilidade de ter novas informações.

Agregação – É o reforço do equilíbrio entre o pensamento pessoal e coletivo: o colegiado produzirá resultados verdadeiramente inteligentes pela agregação das informações de todos os membros do conselho à mesa de análises.

Empresas deveriam pensar além da hierarquia no encaminhamento de soluções para problemas cognitivos, como é o caso de decisões estratégicas. Um Conselho Consultivo, como órgão colegiado de aconselhamento às decisões sobre o encaminhamento de iniciativas para o rumo dos negócios, acrescenta sabedoria coletiva – diversidade, independência e agregação – fazendo previsões razoáveis sobre o futuro.

Há algumas questões de base para se chegar às melhores decisões colegiadas:

Como coordenar o comportamento individual com os dos demais membros do conselho?

Como conviver com pessoas que tendem a ter egos inflados (por suas experiências, resultados obtidos, sucesso como executivo, vaidade, ...)?

As respostas a essas questões passam pelo entendimento de um aspecto importante a cada conselheiro, a necessidade de desenvolver suas habilidades de relacionamento. De nada adianta ser exímio em um ou mais conhecimentos específicos (*hard skills*) se não desenvolver sua capacidade de conviver com diferenças (*soft skills*) na construção de soluções.

Habilidades de relacionamento, soft skills para decisões colegiadas

Quanto se trata do desenvolvimento de habilidades de relacionamento, a primeira coisa que um conselheiro deve desenvolver é autoconhecimento. Cada um deve ter clareza sobre seus sentimentos e fragilidades frente a conversas difíceis, e como isso interfere em seus relacionamentos e posicionamentos na tomada de decisão.

O autoconhecimento forma uma base sólida de referência para estabelecer o conjunto de *soft skills* que cada pessoa precisa aprimorar. Compreendendo a si mesmo, suas emoções, motivações e tendências, o conselheiro pode se tornar mais eficiente e eficaz, estabelecendo relacionamentos autênticos e lidando com desafios de forma construtiva.

Há inúmeras *soft skills* para um conselheiro, formando um conjunto de habilidades que complementam o conhecimento técnico (*hard skills*), ampliando sua capacidade contributiva para tomada de decisões colegiadas. Algumas das principais *soft skills* que formam habilidades de relacionamento importantes para conselheiros são:

Empatia – A capacidade de entender e se colocar no lugar dos outros. Ser empático permite estabelecer conexões mais significativas com as pessoas, compreender suas preocupações, e oferecer um suporte mais efetivo.

Influência – Conselheiros precisam ser habilidosos em influenciar e persuadir outras pessoas. Isso envolve a capacidade de comunicar ideias convincentes, apresentar argumentos sólidos e ganhar apoio para suas recomendações ou propostas.

Colaboração – Trabalhar em equipe colaborando com outras pessoas é uma habilidade crucial. Conselheiros devem ser capazes de estabelecer relacionamentos produtivos, construir confiança, promover a colaboração e facilitar o trabalho em conjunto para alcançar objetivos comuns.

Escuta ativa – Ouvir com plena atenção é essencial para compreender amplamente o que interlocutores estão querendo dizer. Conselheiros devem praticar a escuta ativa, prestando atenção às informações fornecidas e apresentar boas perguntas para aprofundar sua compreensão sobre as situações.

Diplomacia – Lidar com diferentes perspectivas e interesses nem sempre é fácil. Conselheiros devem ser diplomáticos, ou seja, ser capazes de gerenciar conflitos de forma sensível, encontrar soluções equilibradas e promover o consenso entre as partes envolvidas.

Pensamento crítico – Conselheiros devem ter a capacidade de questionar o status quo, desafiar suposições e buscar soluções. Isso requer pensamento crítico e uma abordagem analítica para compreender os problemas e propor alternativas.

Resiliência – A capacidade de lidar com desafios, incertezas e pressões é essencial para conselheiros. A resiliência permite que eles enfrentem adversidades, se adaptem a mudanças e se recuperem de fracassos de forma positiva e construtiva.

Essas habilidades comportamentais são fundamentais para membros de conselhos, pois ajudam a construir relacionamentos sólidos, facilitam a comunicação eficaz e permitem lidar com situações complexas de forma positiva e produtiva. Além disso, também contribuem para o estabelecimento de relacionamentos mais próximos entre o conselheiro e demais *stakeholders* com quem venha a interagir.

Conselho Consultivo de Alto Impacto no Futuro da Empresa

> *" Quando as pessoas visualizam um futuro melhor, então elas podem começar a criá-lo."*
>
> World Future Society

Vivemos num tempo em que o mantra "mudanças são a única constante" se faz sentir no dia a dia, com forte presença de incertezas nos possíveis cenários para os negócios. Os ciclos econômicos entre períodos de prosperidade e estagnação ou recessão se aceleram, inovações tecnológicas possibilitam novas soluções habilitando novos entrantes no mercado na disputa de espaço com empresas estabelecidas, movimentos sociais exigem novas posturas (mais responsabilidade social e ambiental) das organizações, e assim por diante.

Nesse ambiente socioeconômico, para permanecerem relevantes e competitivas, as empresas precisam encontrar formas ágeis de adaptarem-se à nova dinâmica do mercado. A visão de futuro de 3 a 5 anos ou mais, embora ainda um importante norteador do desenvolvimento da empresa, definidora do futuro desejado, já não consegue impulsionar as mudanças necessárias numa velocidade adequada.

Além de proceder análises de cenários, procurando entender as possibilidades, e dentre os cenários imaginados vislumbrar os mais prováveis, é preciso escolher o desejado a ser trabalhado. Para o cenário escolhido são mandatórios ciclos mais curtos de planejamento e ação, onde a referência temporal passa de anos para meses. Isso permite rápidas correções de rumo, quando as coisas não acontecem como imaginado. Entra em cena a estratégia ágil.

A expressão agilidade, nesse contexto, embora tenha em si o senso de urgência, antes de rapidez deve ser entendida como adaptabilidade. A afirmação atribuída a Charles Darwin "Não é o mais forte que sobrevive, nem o mais inteligente, mas o que melhor se adapta às mudanças", transposta para o mundo empresarial, nunca foi tão verdadeira.

Nessa linha alternativa de formulação estratégica, mais do que análises elaboradas considerando números, o poder de síntese com o entendimento do quadro geral e a tomada de decisão com menos informações se fazem necessários. Deve haver um balanceamento entre precisão e tempestividade considerando-se a maturidade institucional.

Desafios em cenários incertos

Em cenários de incerteza extrema, destacam-se alguns desafios que a empresa precisa reconhecer e evitar: viés otimista, instabilidade de informações, resposta inadequada, paralisia e esgotamento organizacional:

- Com um viés otimista, os executivos e gestores acreditam que a situação ruim não seja tão grave e não vai durar, assim planejam ações de retomada de rumo irrealistas com falsas expectativas;

- Com informações incorretas ou insuficientes, sobre a situação da economia, o cenário escolhido para o planejamento do futuro dos negócios pode se tornar inviável;

- Com a insistência em uma resposta inadequada à situação que gerou a incerteza corre-se o risco de queimar recursos que farão falta mais adiante;

- Um sentimento da necessidade de análise mais elaborada, associada à instabilidade das informações, pode causar paralisia na tomada de decisão;

- Os desafios anteriores, se durarem um longo período, podem levar gestores e equipes à exaustão, com prejuízos à sua saúde mental e física.

Contando com um Conselho Consultivo a empresa pode evitar esses desafios. Como? Segundo a consultoria global Korn Ferry, conselhos que agem como um ativo estratégico, orientados por comportamento, compartilham de algumas características comuns:

- Trabalham em equipe, num ambiente de alta confiança, com abertura a desafios;

- Têm percepções de amplitude mundial e conhecimento profundo sobre as melhores práticas de formulação estratégica e gestão;

- Mantém foco implacável no futuro, com franqueza sobre as necessidades de desenvolvimento de pessoal e de equipe;

- Contam com diversidade de pontos de vista;

- Vivem os valores da empresa.

Com esses comportamentos, em cenários de incertezas e mudanças extremas, o Conselho Consultivo agrega valor à empresa criando vantagem competitiva ao assumir um papel mais ativo nas análises e decisões que antes ficavam a cargo exclusivo do principal executivo (CEO, Presidente ou Diretor Executivo).

Mindset do conselho de alto impacto

Usando como referência o artigo *Six problem-solving mindsets for very uncertain times* (2020), publicado pela McKinsey & Company, para melhor atuar sobre cenários de incerteza, os membros do Conselho Consultivo de alto impacto futuro precisam assumir alguns *mindsets* que se reforçam mutuamente:

- Sempre curiosos sobre cada elemento do problema – uma questão que deve ser explorada aqui é "por quê?", evitando-se assim que vieses dos membros do conselho fechem o leque de opções na busca das melhores alternativas de solução para o cenário desfavorável;

- Não agir com perfeccionismo, tendo alta tolerância à ambiguidade – os membros do conselho devem estar abertos a tentativas e erros na elaboração de hipóteses, que ao serem analisadas sobre fatos e dados serão refinadas ou descartadas, mantendo em mente que "o conhecimento é sempre provisório e incompleto";

- Ter visão abrangente do mundo, por múltiplas lentes – com visão de 360° as percepções ficam ampliadas evitando-se a lente fechada do conhecimento especializado (dominante). Usando pensamento de design, o problema pode ser explorado primeiro com uma atitude divergente abrindo-se diversas possibilidades sobre a situação a ser enfrentada, seguida de uma atitude convergente para se chegar ao cenário mais provável que deverá ser trabalhado;

- Assumir atitude evidencial e experimentação incansável – trabalhar sobre fatos e dados, mas também projetar experimentos para reduzir o nível de incerteza obtendo-se novos dados. Aqui se faz presente a noção do "falhar rápido", o que significa conduzir experimentos com o menor custo possível e no menor tempo, permitindo decidir rapidamente sobre seguir com a ideia de base ou pivotar (mudar de direção, mantendo a ideia de base);

- Explorar a inteligência coletiva e a sabedoria da multidão – por este *mindset* os conselheiros devem valorizar a diversidade reconhecendo que as pessoas mais inteligentes não estão necessariamente na sala. Com isso, podem acessar conhecimento diverso (*crowdsourcing*), criando meios para que a multidão disponibilize seu conhecimento e criatividade sobre o cenário de incerteza em análise;

- Ser adepto de narrativas como forma de gerar ação – narrativas são poderosas para engajar os *stakeholders* na busca pela melhor solução para o cenário de incerteza. Os argumentos devem ser apresentados tanto de modo emocional quanto lógico, mostrando claramente os riscos e as recompensas, encaminhando ações mesmo que imperfeitas (o que é sempre melhor do que inação).

Um *mindset* curioso, que aceita a imperfeição, com mente aberta a experimentações e novas possibilidades, que abraça a sabedoria coletiva e promove ação por meio de narrativas, é um poderoso aliado à tomada de decisão sobre cenários de grandes surpresas e mudanças.

O Conselho Consultivo que atua com essa mentalidade, reconhece e evita os desafios emergentes em cenários de incertezas, e se comporta como descrito, certamente gerará alto impacto positivo no futuro da empresa e seus negócios.

3
Conselho Consultivo em Ação

Neste capítulo veremos temas que cabem ao Conselho Consultivo tratar junto ao corpo diretivo da empresa, chegando a aconselhamentos e recomendações sobre o rumo e andamento dos negócios: direcionamento estratégico, acompanhamento de resultados por meio de indicadores de performance, análise de demonstrações econômico-financeiras, ética e compliance, comunicação corporativa, desenvolvimento de lideranças, mudança cultural, inovação e transformação digital, transformação da sociedade por meio dos negócios, e o conselho em empresas familiares.

Guardião do Futuro

"Não há vento favorável para quem não sabe para onde vai."

Sêneca

O Conselho Consultivo, um sistema de governança que atua em recomendações a líderes empresariais, entre fundadores, sócios e altos executivos, pode ser entendido como o Guardião do Futuro, impulsionando mudanças e inovações para os negócios da empresa. Guardar o futuro, no âmbito dos negócios ao nível do conselho, é estabelecer diretrizes estratégicas e monitorar seu cumprimento promovendo ajustes. Isso será realizado a partir da análise de possíveis cenários de futuro – esperado, otimista, pessimista e moderado – do ambiente competitivo com a escolha do cenário desejado para o qual a empresa deve se encaminhar.

Pensamento e planejamento estratégico

Para melhor compreender esse papel do Conselho Consultivo, podemos dizer que a formulação estratégica passa por duas fases: o pensamento e o planejamento estratégico. Pelo pensamento estratégico se busca sintetizar os elementos formadores de um ou mais cenários de competição e estabelecer um posicionamento estratégico. Pelo planejamento estratégico serão analisadas as oportunidades e ameaças no cenário considerado, com o detalhamento de objetivos, metas e iniciativas competitivas de modo a ganhar e manter a preferência dos clientes.

O Conselho Consultivo atua na fase do pensar a estratégia, avaliando, desenvolvendo e recomendando o rumo a ser seguido pela empresa e seus negócios, realizando análise de riscos e orientando a tomada de decisão, além do monitoramento dos resultados da estratégia em ação. Por sua vez, os executivos e gestores da empresa, a partir da visão e diretrizes provenientes do conselho, desenvolverão o plano estratégico colocando-o em execução, com o detalhamento de iniciativas estratégicas e seus desdobramentos para toda a organização e o estabelecimento de indicadores-chave de desempenho (KPI's) que permitam verificar os resultados.

Para uma análise de cenários efetiva, o conselho deve ser constituído por profissionais experientes com conhecimento e habilidades em prospectiva e projeção estratégica. Permanecendo atentos a fatos portadores de futuro, como por ex., novas tecnologias como IA (Inteligência Artificial) e conexão 6G, novas regulamentações, mudanças climáticas e nos costumes, podem trazer recomendações para possíveis consequências desses germens de futuro para os negócios. Essas recomendações serão direcionadas à antecipação no aproveitamento de oportunidades identificadas ou à mitigação de ameaças à continuidade dos negócios.

A análise de risco, nesse contexto, vem ao encontro de melhorar a tomada de decisão sobre o que fazer e o que deixar de fazer, sempre pensando adiante com sugestões de mudanças que elevem a competitividade dos negócios atuais, previnam dificuldades vislumbradas no horizonte do cenário competitivo, e incentivem o desenvolvimento de novos negócios e/ou novos mercados.

Olhando para a fase do planejamento estratégico, a cargo dos executivos da empresa, precisamos compreender que na cultura organizacional estão enraizadas as suposições e crenças básicas compartilhadas pelos membros da organização, que os fazem operar inconscientemente sobre percepções compartilhadas a respeito da empresa e seu ambiente. Essas suposições e crenças são atributos difíceis de mudar, sobrevivendo aos produtos e serviços, fundadores, lideranças e atributos físicos da organização, moldando comportamentos coletivos com impacto sobre as estratégias de ação resultantes desses atributos.

Cultura organizacional facilitando a mudança competitiva

Empresas de pequeno e médio porte, em sua grande maioria de origem familiar, com muitas ainda não profissionalizadas, têm em comum esforços para se manter nos negócios. Seu foco e prioridades, assim, acaba recaindo sobre a operação do dia a dia, do principal executivo (fundador, sócio, diretor executivo) aos demais diretores e gestores (gerentes, coordenadores, supervisores e líderes de equipe). Está tudo certo, afinal antes de pensar no futuro dos negócios, em mudanças e inovações estratégicas, é imperativo garantir a sustentabilidade no curto prazo.

Contudo, isso introjeta na cultura organizacional o privilégio às ações de curto prazo no dia a dia, deixando de lado a necessidade em dar prioridade a mudanças na linha de garantir a continuidade dos negócios em médio e longo prazos. Daí vem a conhecida afirmação, atribuída a Peter Drucker pai da administração moderna, "a cultura engole a estratégia no café da manhã". Como mudar isso? Como trabalhar nas duas frentes, com esforços para sustentabilidade no dia a dia e nas iniciativas para a competitividade que leva à perenidade dos negócios?

Se a cultura impõe atenção e prioridade em tempo integral à operação rotineira, aos esforços de venda, produção e entrega de bens ou serviços no aqui e agora, em detrimento de ações que levem ao futuro dos negócios, isso deve mudar. Assim, o Conselho Consultivo recomendará ações de modo a garantir que as diretrizes e prioridades estratégicas ganhem espaço na operação. Essas recomendações devem orientar uma mudança cultural, promovendo uma mentalidade de atenção e ações para o curto prazo (as atividades críticas da operação rotineira), e médio e longo prazos (diretrizes estratégicas e suas iniciativas) estabelecendo foco em mudanças competitivas. De modo isento, um Conselho Consultivo formado com profissionais externos experimentados, novas mentes pensantes à organização, vai observar e compreender os aspectos culturais positivos a manter e os limitantes a mudar.

Ao tratar de uma mudança cultural, algo sempre de difícil implementação que naturalmente sofrerá resistências, é preciso considerar o desenvolvimento do pessoal. Uma mudança cultural será mais bem-sucedida se o perfil das pessoas impactadas, no caso os executivos e colaboradores de empresa, estiver alinhado com abertura a mudanças, senso de urgência, cooperação e colaboração entre funções empresariais e áreas de negócios. Um relatório direcionado por essas questões pode apontar para as dificuldades comportamentais sugerindo melhorias, que então seriam validadas e reforçadas pelo conselho com diretrizes de desenvolvimento de pessoal.

Num ambiente de negócios volátil, complexo, por vezes incompreensível e ambíguo, o mundo VUCA (acrônimo formado pelas iniciais das palavras de língua inglesa *Volatility, Uncertainty, Complexity e Ambiguity*) em que as empresas estão inseridas, o Conselho Consultivo como sistema de apoio aos fundadores, sócios e executivos dos negócios, atuando no pensar estratégico, reduz os riscos competitivos ampliando as chances de sucesso e continuidade dos negócios ao promover antecipação a mudanças externas fora do controle da empresa. E, assim, exercerá seu papel de Guardião do Futuro.

Resultados da Empresa

"Se temos dados, vamos olhar os dados.
Se só temos opiniões, ficamos com a minha."

Jim Barksdale

Uma das principais atribuições de um Conselho Consultivo, como guardião do futuro, é o acompanhamento dos resultados da empresa. Em particular dos resultados provenientes de mudanças competitivas promovidas por direcionadores estratégicos recomendados pelo conselho. Mas sem se limitar a esses, também monitorando os resultados da operação rotineira de onde vem a sustentabilidade dos negócios.

Esse acompanhamento é essencial para que novas análises e recomendações possam ser encaminhadas pelo conselho. Tanto para corrigir a rota rumo ao futuro almejado (seja por hipóteses incorretas, por alterações inesperadas no ambiente de competição, ou outras causas inevitáveis), como para solucionar problemas do dia a dia de modo definitivo (evitando-se recorrências).

O papel dos indicadores de performance empresarial

Análises e decisões são sempre de melhor qualidade quando baseadas em fatos e dados concretos. Uma das principais ferramentas para que esse processo seja produtivo e bem-fundamentado são os indicadores (métricas, medidas) de desempenho. Então, é essencial que os conselheiros, bem como executivos da empresa, tenham entendimento inequívoco e partilhado sobre o que são indicadores e como determiná-los, entre outras questões pertinentes.

Objetivamente falando, indicadores são números (absolutos ou, preferencialmente, índices que permitem a comparação direta entre períodos distintos) que informam os resultados alcançados e sua comparação aos planejadas. Tratando-se de gestão, uma distinção importante é a diferença entre objetivos e metas. Objetivos são resultados qualitativos (por ex., melhoria no NPS dos negócios), que representados por indicadores são traduzidos em resultados quantitativos indicando as metas a serem alcançadas (por ex., um NPS entre 9 e 10, podendo ser bem específico como 9,5).

O Conselho Consultivo atua na preservação do patrimônio da empresa, na realização de seu objeto social e na agregação de valor aos negócios, almejando resultados superiores. Como órgão de governança empresarial, ao estabelecer diretrizes que apontam o rumo a ser seguido, deve definir objetivos e respectivas metas estratégicas a serem realizadas pela operação.

Essas diretrizes, levadas à operação pelos executivos, serão desdobradas em iniciativas, com respectivos objetivos e metas para os níveis tático e operacional. Assim, a empresa, em seu planejamento estratégico, constituirá um conjunto de indicadores nos três níveis, dos negócios (estratégico), das funções empresariais (tático) e dos processos do dia a dia (operacional). Como esse desdobramento naturalmente acaba sendo realizado com base em hipóteses (sobre causas e efeitos), a boa gestão determina que haja um monitoramento dos resultados por meio de indicadores, com a visualização dos resultados alcançados comparativamente às metas traçadas.

O foco de atenção do conselho

Pensando na análise competitiva (estratégica) dos negócios, as metas precisam ser estabelecidas impondo alguns desafios à empresa, de tal modo que provoquem a necessidade pela busca de mudanças (mais produtividade, mais competitividade) que venham a produzir resultados superiores. Uma boa prática é proceder análises comparativas com os concorrentes do mercado-alvo, buscando seus números em relatórios setoriais (com rankings de desempenho), em pesquisas de mercado e outras fontes.

No nível do conselho interessam particularmente os resultados econômico-financeiros, como faturamento, lucratividade e rentabilidade, mas também os de fatores que levam a esses, como NPS (que mede o nível de satisfação dos clientes), *market-share* (fatia de mercado), retorno de investimentos, ganhos com novos negócios, impactos social e ambiental.

Devemos lembrar que a capacidade humana (no caso, para acompanhar indicadores) é limitada, ou haverá uma inevitável perda de foco sobre o que é prioritário e o que é do dia a dia. É o clássico princípio de Pareto, poucos são os fatores vitais e muitos os triviais. No conselho, isso se traduz em acompanhar os poucos e impactantes resultados para os negócios. Ou seja, monitorar as poucas causas (iniciativas estratégicas e ações operacionais) que podem levar a um impacto significativo (efeito) nos negócios.

Uma questão de base para o conselho é reconhecer os indicadores nos níveis tático e operacional, estrategicamente falando, que devem ser avaliados para entender se o processo de desdobramento estratégico está surtindo efeito. Aqui entra o conceito de KPI (*Key Performance Indicator*), uma espécie de "carimbo" a ser marcado nos indicadores de resultados táticos e operacionais que denotam contribuição direta às diretrizes estratégicas. Esses, portanto, são os indicadores relevantes às avaliações, análises e recomendações de melhoria a cargo do conselho.

Outro aspecto a considerar para as análises de resultados é o modelo operacional da empresa. É imprescindível que haja o entendimento de que um resultado destacado em uma ou outra função empresarial (comercialização, produção, distribuição, atendimento aos clientes, ...) não é o mais importante, o que vale é o resultado holístico dos negócios. Assim, excelentes resultados localizados em determinadas áreas só são significativos se contribuem para o todo. É preciso "compreender a empresa como um único processo", do pedido à pós-venda, e isso deve ser refletido no modelo operacional.

Análise de Demonstrações Financeiras

"Quando você pode medir algo sobre o que está falando, e expressar isso em números, você sabe alguma coisa sobre o assunto, mas quando não pode expressá-lo em números, seu conhecimento é escasso e insatisfatório."

Lorde Kelvin

Dentre outras funções do Conselho Consultivo, atenção especial deve ser dada à análise da situação econômico-financeira da empresa. Conselheiros consultivos não precisam ser especialistas em finanças, mas devem minimamente conhecer que tipos de análises podem ser realizadas para, assim, poderem demandar demonstrações financeiras à contabilidade da empresa.

Embora um conselho tenha um papel primordial de olhar para o futuro, olhar pelo para-brisa recomendando o rumo a seguir pela empresa, no contexto dos resultados econômico-financeiros olhará também pelo retrovisor. Nesse sentido é importante entender como essas informações são construídas, saber como utilizá-las e criticar sua qualidade.

Uma análise das demonstrações financeiras permite avaliar a capacidade de geração de lucro e riqueza em determinado período, medir a capacidade de pagamento das obrigações, analisar a geração de caixa (*cash is king*) e acompanhar a evolução dos resultados econômico-financeiros da empresa ao longo do tempo e seu desempenho comparado contra *players* do mesmo setor.

Empresas têm como um de seus objetivos a criação de riqueza, do contrário fundadores, sócios e investidores, sem entender que seu capital investido será adequadamente remunerado, não farão aporte de novos recursos financeiros nos negócios. A análise econômico-financeira permite avaliar se a empresa está no caminho certo e corrigir o rumo sempre que necessário.

Instituições financeiras solicitarão as principais informações contábeis de modo a estimarem os riscos e estabelecerem as condições (taxas e prazos), para poderem autorizar a liberação do crédito ou financiamento.

Da mesma forma, fornecedores se beneficiam das demonstrações financeiras para liberar pagamentos a prazo sobre os produtos/serviços disponibilizados; clientes ganham confiança no estabelecimento de relações de longo prazo; órgãos públicos precisam dessas informações para cobrança de tributos e concessão de benefícios; e os colaboradores ganham conhecimento sobre a saúde financeira de seu empregador.

Contabilidade o ponto de partida das demonstrações financeiras

É da contabilidade da empresa que vem o conjunto de informações estruturadas, periódicas e padronizadas sobre sua situação patrimonial, sua performance econômica e sua geração de caixa. Assim as principais demonstrações contábeis são o Balanço Patrimonial (BP), a Demonstração do Resultado do Exercício (DRE) e a Demonstração do Fluxo de Caixa (DFC).

O **BP** pode ser entendido como uma fotografia do momento, portanto são informações estáticas. O BP apresenta os ativos e o passivo da empresa.

Ativos são os recursos aplicados de modo a gerar benefícios futuros, sendo subdivididos em ativos circulantes e ativos não circulantes. Ativos circulantes (AC) são constituídos das contas em movimento (giro) incluindo caixa, contas a receber, estoques, créditos e direitos de curto prazo. Ativos não circulantes (ANC) são os de longo prazo (de menor liquidez), podendo ser subdivididos em realizáveis de longo prazo e investimentos.

Passivo e patrimônio líquido são as obrigações da empresa, as fontes de financiamento dos ativos. O patrimônio líquido (PL) são os recursos próprios, o capital social e as reservas de lucros. Passivo circulante (PC) representa as obrigações de curto prazo, que precisam ser quitadas dentro ciclo operacional (normalmente 12 meses, podendo ser mais). São as obrigações com fornecedores, tributárias e compromissos com empréstimos e financiamentos. Passivo não circulante (PNC) são obrigações de longo prazo (superior a 12 meses), incluindo dívidas (empréstimos e financiamentos), títulos da dívida e obrigações fiscais, imposto de renda e contribuições sociais diferidos (valor do tributo sobre o lucro devido em período futuro), e outras obrigações. O PL, recursos próprios, pode ser formando por valor residual entre os ativos totais e seus passivos (circulante e não circulante), incluindo capital social, reservas de capital e de lucro, ações ou cotas em tesouraria e outros.

O **DRE** evidencia se as operações de uma empresa estão gerando lucro ou prejuízo em determinado período, a partir confrontação dos dados de receitas e despesas do negócio, apresentando o resultado líquido do seu desempenho e detalhando a real situação operacional. O DRE é elaborado a partir da receita bruta de vendas, avançando pela dedução dos impostos resultando na receita líquida, deduzindo-se os custos de vendas chegando ao lucro bruto, subtraindo-se despesas operacionais e financeiras e somando-se receitas operacionais e financeiras, subtraindo-se IRPJ e CSLL, chegando-se ao resultado líquido do exercício.

A **DFC** são informações relevantes sobre os fluxos de recebimentos e pagamentos, em determinado período, relativos às atividades operacionais, investimento e financiamento, e seu impacto no caixa da empresa. O fluxo de caixa das atividades operacionais demonstra a geração de caixa da operação (lucro ou prejuízo) do período, ajustando as contas do DRE que não representam entrada ou saída de recursos (amortizações, depreciações, contas a receber, estoques, salários a pagar, e outras). O fluxo de caixa de atividades de investimento demonstra as variações nos ativos de longo prazo (aquisição ou venda de imobilizado, aquisição de ativos intangíveis, e outros).

O fluxo de caixa de atividades de financiamento são os fluxos com credores e investidores (pagamentos de dividendos e juros sobre capital próprio, amortizações de dívidas, captação de novas dívidas ou capital próprio).

Recomendações para a análise das demonstrações financeiras

O conselho deve estar atento à qualidade das informações disponibilizadas para análise, sempre questionando se são verdadeiras e completas, se representam com exatidão as operações, se foram lançadas com rigor sobre as regras contábeis.

Outro aspecto importante sobre as demonstrações econômico-financeiras é proceder análises vertical e horizontal. Pela análise vertical devem ser considerados os ativos e passivos por período (mês, ano), e pela análise horizontal os resultados comparativos de períodos distintos (ano anterior, ano atual).

Com as informações PL, DRE e DFC, é possível realizar análises de liquidez, de necessidade de capital de giro, de endividamento e risco de inadimplência, da situação financeira, do desempenho econômico como rentabilidade e lucratividade, giro, EBITDA, EVA, alavancagem operacional e financeira, entre outras.

Reforço que não é o conselho que irá preparar essas demonstrações e indicadores, que virão da contabilidade da empresa, mas os conselheiros devem desenvolver habilidade para realizar a análise financeira sobre esses demonstrativos, métricas e respectivas explicações.

Ética e Compliance

"O bom senso é a coisa do mundo mais bem distribuída: todos pensamos tê-lo em tal medida que até os mais difíceis de contentar nas outras coisas não costumam desejar mais bom senso do que aquele que têm."

René Descartes

Antes de entrarmos numa discussão sobre a ética nas empresas, e o compliance, precisamos nivelar nosso entendimento sobre esses conceitos.

Ética, em uma definição simples, é o conjunto de padrões e valores morais de um indivíduo ou grupo de pessoas. No campo da Filosofia é a investigação dos princípios que orientam o comportamento humano, disciplinando e motivando a ação, a partir de valores morais, normas, códigos de conduta e encorajamentos presentes num grupo social.

Compliance, uma expressão importada da língua inglesa, num sentido geral significa seguir o conjunto de padrões, leis, regulamentos e conduta ética específicos do setor de atuação do negócio.

Sendo assim, uma questão de base é "porque precisamos falar sobre ética e compliance se significam seguir padrões morais e legais?" Isso não seria o esperado de grupos que visam o bem comum? Sim e não! Devemos entender que toda associação de pessoas, organizadas para colocar em prática um determinado empreendimento, pode estar bem ou mal-intencionada do ponto de vista de sua ação e resultados a alcançar. Por exemplo, uma quadrilha de mal feitores tem sua própria ética (padrões de comportamento) que vão de encontro ao bem comum maior para a sociedade, vivendo sobre uma moral própria (conjunto de valores norteadores de suas relações e conduta), sem se importar com as consequências para pessoas de bem que possam vir a ser impactadas por suas ações.

Ética empresarial e sistemas de compliance

Focando na ética empresarial como aspectos que motivam, moldam e orientam o comportamento, temos visto casos nada exemplares, ou pelo menos questionáveis.

Um dos mais conhecidos é o caso de fraude da Enron, que entre seus valores declarados tinha "integridade", ou seja (em tese) pregavam uma conduta reta, honrada, portanto, "ética", justa e perfeita. Contudo, suas ações não refletiram essa qualidade. A empresa formada em 1985 tinha como negócio inicial a exploração de gás natural e produção de energia. Com um rápido crescimento passou a diversificar seus negócios incorporando comunicações, celulose e empresas de papel, internet e seguro climático. Por cinco anos consecutivos, de 1997 a 2001, foi considerada a empresa mais inovadora nos EUA, mas a Enron vinha manipulando de modo crescente as informações sobre a rentabilidade e lucratividade de seus negócios. Em 2001 a fraude foi descoberta por uma auditoria da SEC (*US Securities and Exchange Commission*) entidade reguladora do mercado de capitais, ocasionando significativa queda no valor de suas ações e a perda de aproximadamente 11 bilhões de dólares aos acionistas. Sua falência deixou 21 mil pessoas desempregadas e perdas de investimentos de mais de 25 milhões de dólares aos pensionistas e acionistas. A fraude, soube-se depois, foi corroborada por uma renomada empresa de auditoria (que sucumbiu com o escândalo), bancos e empresas de advocacia e contabilidade.

Como resposta ao escândalo financeiro engendrado pela Enron, em 2002 os legisladores dos EUA criaram a lei Sarbanes-Oxley Act (conhecida como SOX). Dentre diversos aspectos, a SOX determina maior transparência para os acionistas e a responsabilidade criminal aos administradores da empresa em casos de fraudes financeiras, independentemente do país de origem. Surgiam assim as bases para sistemas de

Compliance mais robustos. A SOX visa garantir às empresas a criação de mecanismos de auditoria e segurança confiáveis, incluindo comitês para supervisionar suas operações, de modo a identificar e mitigar riscos.

O caso Enron e seus desdobramentos é emblemático, no qual a ética (padrões de conduta) e os sistemas de compliance até então existentes, simplesmente não surtiram os efeitos desejados. Mas não é único, inúmeros outros têm sido identificados pelo mundo, ao longo do tempo, em negócios de setores diversos. Um dos mais recentes, aqui no Brasil, ainda não julgado, é o das Americanas. Sem nos aprofundarmos nesse caso, tomando apenas como outro exemplo para entendermos o problema da precariedade de atenção e cuidados com a ética nas empresas, e com sistemas de compliance, recentemente a varejista reportou inconsistências contábeis apontando um endividamento de R$ 20 bilhões, mas que acabou revelando um rombo no balanço da empresa com o dobro desse valor (mais de R$ 40 bilhões). Isso está em investigação, ainda não há julgamento e conclusão sobre suas causas, portanto não sabemos se foi intencional ou não (um erro em lançamentos contábeis). Mas cabe destacar que a empresa tem formalizadas políticas de compliance e combate à corrupção, de fornecedores, de sustentabilidade e segurança da informação, tem um Comitê Financeiro de caráter permanente como órgão de assessoramento ao Conselho de Administração, estruturas e sistemas que não evitaram o surgimento da inconsistência.

A ética e os comportamentos

Ainda sobre ética podemos citar também o caso do Google (empresa Alphabet), que tinha como mantra *"don't be evil"* (não seja mal), mas que acabou removendo esse lema de seu código de conduta. Por quê? Só podemos conjecturar, talvez pelo que temos observado em suas recentes ações, por exemplo na sua rede social Youtube, com a desmonetização e bloqueio de canais de produtores de conteúdo que emitem opiniões distintas daquilo que a empresa acredita, sem que os produtores desse conteúdo tenham ferido as regras de uso do canal ou qualquer explicação ou justificativa válida (não há qualquer transgressão numa opinião!). Isso pode ser interpretado como "fazer o mal", agir de forma enviesada causando danos (no caso, perda de monetização) a pessoas de bem, então para evitar que percebamos comportamentos incoerentes sumiram com o mantra *"don't be evil"*.

Pessoas têm comportamentos herdados de seu convívio com familiares, colegas de trabalho e outros grupos associativos, e da sociedade, sendo assim sua ética refletirá comportamentos aprendidos. Portanto, ela pode (e deve) ser moldada (numa empresa), pela definição de regras e práticas esperadas, com o estabelecimento de códigos de conduta, sua comunicação e monitoramento, e sempre que necessário a correção de comportamentos inadequados. Esses mecanismos devem refletir as melhores práticas de conduta, seja do ponto de vista de relações de trabalho como do respeito às Leis, ou seja, de tempos em tempos devem ser melhorados e atualizados.

O papel do Conselho Consultivo

E o que o Conselho Consultivo tem a ver com isso? Tudo! Como sistema de governança o conselho deve estar atento a essas questões, a possíveis desvios de conduta, orientando a criação de mecanismos de monitoramento e prevenção de riscos à empresa, e seus *stakeholders* (partes interessadas), com potenciais impactos danosos à sua continuidade.

Comunicação Corporativa

"O maior obstáculo ao progresso não é a ignorância,
e sim a ilusão do conhecimento."

Daniel Boorstin

Desde o início da civilização os seres humanos têm a necessidade de se comunicar. Várias são suas formas, desde as mais rústicas como gestos, grunhidos e desenhos rupestres, às mais sofisticadas como a linguagem falada e escrita, passando por outras formas como símbolos (linguagem de sinais), códigos (linguagem criptografada), e outras.

A comunicação corporativa, ou comunicação empresarial, nada mais é do que uma extensão natural dessa necessidade humana de se comunicar. É por meio da comunicação corporativa que se dá a interação entre *stakeholders* de um negócio, os profissionais de empresa, seus clientes, fornecedores, investidores, e demais partes interessadas.

É importante entender que é pela comunicação que nascem as percepções sobre a qualidade dos produtos e serviços, sobre a confiabilidade da empresa, sobre a reputação de sua marca, sobre sua responsabilidade social e ambiental, e outras percepções que podem determinar o sucesso ou fracasso do empreendimento.

Portanto, a comunicação corporativa deve ser tratada com seriedade, a partir de um conjunto de funções, processos e procedimentos bem definidos e conduzidos caso a caso. Como informa o especialista em comunicação Daniel Medina, "o ônus da boa comunicação é de quem comunica".

Comunicação corporativa estratégica

A comunicação corporativa deve ser pensada e tratada de modo estratégico. Os representantes da empresa, seus colaboradores e executivos, devem estar atentos ao que comunicam, aos canais que utilizam, com quem se comunicam, à forma de comunicar. Diretrizes, regras, normas e treinamento devem ser providos.

Uma falta de comunicação sobre um problema com algum produto pode destacar uma falta de responsabilidade da empresa com seus clientes. Um lema mal pensado pode colocar em evidência aspectos negativos da empresa gerando efeito contrário ao desejado.

Por exemplo, tivemos um caso bem conhecido sobre pneus defeituosos utilizados em um determinado tipo de veículo (uma picape) de uma montadora líder de mercado que levou a centenas de acidentes, com a mais de duas centenas de fatalidades e mais de oitocentas pessoas feridas. Mesmo tendo identificado o problema muito antes desses números escalarem, tanto o fabricante do pneu como o do veículo preferiram se manter em silêncio sobre a situação para não prejudicar os negócios, muito embora tenham colocado em curso uma ação de troca dos pneus. Mas nada justifica a falta de comunicação que teria evitada perda de vidas e danos à integridade física de pessoas e grandes prejuízos materiais. A montadora acabou tendo que arcar com mais de US$ 500 milhões em indenizações e substituição dos pneus, a fabricante do pneu teve um custo de mais de US$ 1,6 bilhões com recall.

Sobre lemas, se prestarmos atenção, por incrível que pareça, é até comum encontramos slogans que procurando destacar um aspecto diferenciado da empresa, mas que acabam por colocar em evidência um aspecto crítico, mal resolvido, de seus negócios. Por exemplo, na área da construção civil uma empresa tinha como lema "cuidado com cada detalhe", mas para pessoas atentas que conheciam suas obras acontecia exatamente o contrário, facilmente se identificava falta de cuidados com detalhes, de acabamentos mal executados a paredes fora de esquadro e outros defeitos. Ou seja, o slogan chamava à atenção do cliente coisas mal resolvidas no imóvel. Por que isso acontece? Possivelmente por estar ciente da situação, o construtor tentava influenciar a percepção do cliente com uma comunicação voltada para a direção contrária, mas que acabava por colocar luz sobre problemas construtivos.

Por que essas situações ocorrem? Porque o foco está no dinheiro, na potencial e indesejada perda de negócios que uma comunicação sincera e aberta ou sem poder de influenciar percepções pode gerar. Esconder problemas que cedo ou tarde ficarão em evidência ou mentir para os clientes, definitivamente, não é uma boa prática de comunicação com as partes interessadas.

As funções da comunicação corporativa

Se a comunicação é um fator crítico para os negócios, uma boa história é um caminho a ser trilhado. O *storytelling* é uma técnica que facilita trilhar o caminho. Um bom *storytelling* conta uma história que, com enredo bem elaborado e narrativa envolvente, cativa as pessoas, denotando atenção e respeito às partes interessadas, estabelece credibilidade aos negócios e desperta desejo pelos produtos e serviços.

Na comunicação corporativa devem ser pensadas as mensagens que a empresa quer passar, por meio de quais canais isso será feito e quem quer alcançar com cada mensagem. Com a técnica de comunicação do *storytelling* a organização pode criar narrativas para engajar as partes interessadas, controlar suas histórias, divulgando por mensagens claras e objetivas, com inteligência estratégica, tudo que faz e que a afeta.

São inúmeras as funções pelas quais a comunicação corporativa pode fluir, dentre elas:

- Relações públicas
- Relações com a imprensa
- Gestão da marca
- Comunicação interna (endomarketing)
- Gestão das mídias sociais
- Relações com investidores
- Relações com clientes
- Gestão de temas da pauta ESG
- Gestão da reputação

- Gestão de crises

Dentre essas funções, podemos afirmar que duas merecem especial atenção, a gestão da reputação a gestão de crises, ambas com forte impacto sobre o valor da marca e a continuidade e prosperidade dos negócios. Sobre a gestão de crises, o caso dos pneus defeituosos descrito anteriormente demonstra sua importância, a necessidade de a empresa estar preparada com diretrizes de mitigação de danos. Sobre a gestão da marca, devemos lembrar que canais de comunicação fora do controle da empresa, por exemplo, como o site Reclame Aqui pelo qual qualquer pessoa (cliente ou mesmo um concorrente mal-intencionado) pode registrar uma reclamação sobre os produtos e serviços da empresa, precisam ser monitorados e tempestividade de respostas devem ser consideradas.

As demais funções citadas, direta ou indiretamente, acabam por impactar a reputação da empresa, um bem intangível valioso demais para ser deixado ao acaso, tanto quanto a percepção do mercado em sua atuação sobre crises e a seriedade com que a empresa trata essas situações indesejadas, inesperadas, que eventualmente vão ocorrer.

A identidade organizacional abrindo a comunicação com os stakeholders

Há duas componentes, que mais recentemente entraram no dia a dia das organizações, contribuindo para estabelecer um primeiro nível de comunicação corporativa com as partes interessadas, a declaração do Propósito da empresa e um Manifesto de suas intenções.

O Propósito comunica a causa nobre da organização, o legado que ela intenciona estabelecer com sua atuação. É uma forma de comunicação sobre o negócio que busca capturar corações e mentes, despertando imaginação e ambição. Não é sobre os produtos ou serviços, mas sim sobre o porquê do negócio. Um exemplo típico é o propósito declarado pela Singulatity University *"Positively impact one billion people"* (positivamente impactar um bilhão de pessoas).

Um Manifesto é um texto curto, de natureza dissertativa e persuasiva, uma declaração pública de princípios e intenções. Ele serve para estabelecer um ponto de vista para partes interessadas do/no negócio, estimulando ações e despertando desejos. Um exemplo clássico é o manifesto da Apple "Isto é para os loucos" difundido como um complemento ao lema *"Think Different"* (pense diferente).

O papel do Conselho Consultivo na comunicação corporativa

Do exposto, fica explícito que o Conselho Consultivo tem um papel fundamental no estabelecimento de diretriz estratégicas para a comunicação corporativa da empresa. Ele deve estar atento ao impacto da comunicação externa e da comunicação interna, monitorando as referências à empresa nos meios de comunicação fora de seu controle com a recomendação de ações de manutenção e fortalecimento de sua reputação, bem como entender a percepção dos colaboradores e demais partes interessadas sobre o que e por que a organização faz sugerindo ações de endomarketing e de comunicação com parceiros de negócio.

A comunicação corporativa, assim, deve ser tratada como um fator estratégico pela empresa, deve fazer parte da agenda do Conselho Consultivo.

Indução da Nova Liderança

"Pessoas que trabalham juntas com integridade, autenticidade e inteligência coletiva são mais eficientes como negócio que as que vivem juntas com base em politicagem representando papeis e com interesses estreitos."

Peter Senge

A sociedade passa por mudanças, isso não é novidade, sempre foi e será assim. Contudo, a velocidade dessas mudanças tem sido acelerada por diversos fatores: novas tecnologias, mudanças de costumes entre gerações, senso de urgência para o encaminhamento de questões climáticas e sociais, e outros.

Isso exige um novo perfil para os líderes empresariais. Sai de cena o líder autocrático, autoritário e centralizador, o "general" que tudo sabe e comanda com braço de ferro sua organização. Entra em cena o líder participativo, que compreende seu papel como indutor de talentos, como formador de time engajado com as necessidades e demandas atuais.

Essa não é uma mudança sútil, fácil de ser alcançada. Antes de tudo exige autoconhecimento de quem tem o cargo de líder na empresa, levando-o a reconhecer seus pontos fortes e suas carências. Ele deve compreender o que mudar em suas atitudes (fruto de suas crenças e valores) e ações (padrões de comportamento), de modo a se tornar o líder que leva a empresa aos resultados esperados.

Como fazer isso? Primeiramente reconhecendo a necessidade de mudança e, a partir daí, buscando apoio para essa caminhada. Há algumas alternativas para isso. Num âmbito individual, contar com um coach que o ajude a compreender que todo comportamento tem uma função e sua origem, ou um mentor que já tenha passado pelo processo e possa ajudar com reflexões provocativas. Num contexto mais amplo, pensando não só numa mudança de comportamento pessoal/profissional, mas contemplando mudanças também para seu staff de líderes na empresa e sua capacidade de levar os negócios ao sucesso, contar com o apoio de um Conselho Consultivo será mais efetivo.

A estrutura do Conselho Consultivo e a mudança organizacional

Para alcançar os melhores benefícios com a adoção de um Conselho Consultivo primeiramente é mandatório entender como estruturar esse órgão de aconselhamento às lideranças empresariais, bem como compreender seu papel indutor à uma nova liderança plenamente conectada com as mudanças no ambiente de negócios.

Um dos principais benefícios advindos de um Conselho Consultivo é a oxigenação das ideias e percepções sobre forças e fraquezas da organização. Formado por profissionais externos, independentes e isentos, colocar na mesa de discussões situações desconfortáveis que exigem novas formas de pensar e agir fica facilitada. A escolha dos conselheiros deve considerar competências complementares à dos fundadores, sócios e líderes empresariais, com experiências e aprendizados que se somam à organização.

As atribuições desse conselho devem contemplar análise de fatores externos, como a conjuntura econômica, política, social e tecnológica, que possam vir a impactar o desempenho da empresa. Com as conclusões dessa análise, devem vir recomendações para iniciativas estratégicas, entre elas, para o desenvolvimento de pessoal (em especial dos líderes empresariais), para melhorias na estrutura organizacional e na sistemática de gestão, em aspectos econômico-financeiros, na transformação digital e inovação, e outros que forem oportunos.

Como dinâmica de atuação, o conselho deve estabelecer sua agenda de reuniões, com a boa prática recomendando uma frequência mensal, com objetivos e pauta bem definidos, informações e dados para avaliação dos Conselheiros encaminhadas com antecedência, e roteiro de desenvolvimento da reunião estruturado com entregas esperadas estabelecidas.

Minimamente, esse conselho será liderado por um presidente e terá um secretário nomeado para o registro das discussões e encaminhamentos. Cabe ao presidente a condução das reuniões, com a coordenação dos debates e recomendações, também a avaliação dos conselheiros e, eventualmente, do principal executivo da empresa. Ainda, a depender do porte da empresa, poderão existir outros cargos e comitês de apoio tratando de temas específicos.

O perfil da nova liderança

Uma das atribuições importantes do Conselho Consultivo é avaliar a necessidade do desenvolvimento de um novo perfil para as lideranças da empresa. O ponto de partida é o perfil do líder maior da organização (fundador ou executivo profissional) quanto ao seu entendimento e alinhamento às mudanças no ambiente de negócios.

Pesquisas recentes mostram que entre as prioridades para a gestão de pessoas estão a capacidade de liderança, a cultura organizacional, a comunicação interna, a experiência do colaborador e sua saúde mental. Esses são temas que precisam ser tratados no conselho, com recomendações para o desenvolvimento das pessoas e do ambiente de trabalho.

A melhoria e manutenção de um ambiente de trabalho saudável e motivador, que promova o engajamento e cooperação dos colaboradores com as diretrizes estratégicas, objetivos e iniciativas empresariais, passa pelo estabelecimento de uma cultura organizacional que tem em seus fundamentos crenças e valores formalmente estabelecidos e desdobrados em práticas amplamente comunicadas, vivenciadas e monitoradas. Um ponto crucial aqui é a compreensão dos diferentes perfis comportamentais das gerações que formam o conjunto de colaboradores, com as diferenças reconhecidas e necessidades contempladas.

Cabe ao Conselho Consultivo consolidar as bases para uma cultura organizacional que vise moldar as atitudes (predisposições) e os comportamentos (ações) de todos na organização. Pessoas não são robôs que podem ser programados, mas podem ter suas ações moldadas. Sendo assim, para poder recomendar diretrizes de desenvolvimento de líderes e colaboradores, um aspecto a considerar é a dinâmica de tomada de decisão dos seres humanos, muito rapidamente usando de intuição e emoção e mais lentamente aplicando razão e lógica.

A cultura organizacional deve moldar uma tomada de decisão que privilegie a forma analítica, pelo uso da razão e da racionalidade. Isso não é algo fácil de ser alcançado, pois o instinto do ser humano sempre surge primeiro, é automático e não pode ser "desligado", podendo levar a associações falsas (por experiências similares vivenciadas) e conclusões precipitadas.

As pessoas se espelham em seus líderes, portanto, nas empresas em que a cultura organizacional não é bem desenvolvida e cuidada, as áreas (departamentos, setores) tendem a ter comportamentos que espelham seu gestor (líder do time). Isso pode (e vai) levar a conflitos, ações desconexas e resultados indesejados. Para evitar isso, o comportamento do(s) fundador(es), do(s) sócio(s), reflexo de suas crenças e valores, estando ajustado às necessidades competitivas da empresa e aos novos tempos, precisa ser refletido por toda a organização.

As boas práticas de governança, induzidas pelo Conselho Consultivo, devem recomendar ações de desenvolvimento de pessoal (priorizando as lideranças) que promovam uma cultura organizacional pela qual a tomada de decisão e a ação seja preferencialmente racional, contando com lideranças que compreendem o ambiente competitivo complexo e a dinâmica acelerada de mudanças nos comportamentos dos *stakeholders* (partes interessadas), surgimento de novas tecnologias e disrupção de negócios. O próprio conselho deve adotar práticas de tomada de decisão fundamentadas em pensamento analítico sem, contudo, desconsiderar que a intuição pode ser uma fonte de inspiração para inovações estratégicas.

Mudança Cultural

*"Somos responsáveis por aquilo que fazemos, o que não fazemos
e o que impedimos de ser feito."*

Albert Camus

Para podermos discutir como o Conselho Consultivo pode ser um agente para uma mudança cultural, primeiramente precisamos entender claramente o que é cultura e como ela impacta o dia a dia da empresa. Numa definição simples, cultura é o reflexo dos comportamentos coletivos na organização, e das práticas que podem ser vistas como resultados de suas suposições, comportamentos e rotinas.

O Professor Geert Hofstede (★1928 †2020), psicólogo holandês, conduziu um dos estudos mais abrangentes sobre como os valores no ambiente de trabalho são influenciados pela cultura, concluindo que "Cultura pode ser definida como a programação coletiva da mente humana que distingue um grupo de pessoas de outro". Ainda, estabeleceu que essa programação influencia padrões de pensamento que refletem os significados que as pessoas dão aos vários aspectos da vida e que são cristalizados em instituições da sociedade.

De seus estudos (de 1967 a 1973) com funcionários da IBM situados em 50 países, encontrou quatro dimensões culturais. Ao estudar culturas asiáticas encontrou uma quinta dimensão. São elas:

Distância do poder – a medida em que os membros menos poderosos de organizações e instituições (como a família) aceitam e esperam que o poder seja distribuído desigualmente. Representa a desigualdade (mais versus menos), mas definida de baixo não de cima. Isso sugere que o nível de desigualdade de uma sociedade é endossado pelos seguidores tanto como pelos líderes.

Aversão à incerteza – tem a ver com a maneira pela qual a sociedade lida com o fato de que o futuro não pode ser conhecido: devemos tentar controlar o futuro ou apenas deixar isso acontecer? Essa ambiguidade traz consigo ansiedade, e culturas diferentes têm aprendido a lidar com essa ansiedade de maneiras diferentes.

Individualismo vs. coletivismo – a questão fundamental desta dimensão é o grau de interdependência que a sociedade mantém entre seus membros. Ela se relaciona com a autoimagem das pessoas, se é definida em termos de "Eu" ou "Nós". Nas sociedades individualistas as pessoas devem cuidar apenas de si mesmas e de sua família direta. Nas sociedades coletivistas pessoas pertencem a grupos que cuidam de si em troca de lealdade.

Masculinidade vs. feminilidade – pela masculinidade a sociedade será impulsionada pela competição, realização e sucesso, com sucesso sendo definido como o vencedor (o melhor em campo). Pela feminilidade a sociedade tem como valores dominantes cuidar dos outros e qualidade de vida como sinal de sucesso.

Orientação de curto prazo vs. longo prazo – toda sociedade tem que manter algumas ligações de seu próprio passado enquanto lida com os desafios do presente e do futuro. As sociedades priorizam esses dois objetivos existenciais de maneira diferente: ou preferem manter tradições e normas consagradas pelo tempo enquanto vêm a mudança social com suspeita, ou adotam uma abordagem mais pragmática estimulando reservas e esforços como forma de se preparar para o futuro.

Aplicando esse modelo ao Brasil, em pesquisa de 2014, foram encontrados os seguintes vetores da cultura brasileira, que se refletem nas organizações:

- A sociedade brasileira acredita que hierarquia deve ser respeitada e as desigualdades entre as pessoas são aceitáveis. A diferença na distribuição de poder justifica o fato de que os detentores de poder têm mais benefícios.

- Temos elevada aversão à incerteza, assim surge uma forte necessidade de burocracia, leis e regras elaboradas a fim de estruturar a vida. No entanto, a necessidade do indivíduo de obedecer a essas leis é fraca. Se as regras, portanto, não podem ser mantidas, regras adicionais são criadas.

- Nos negócios, é importante construir relações duradouras, de confiança e de longa duração. Uma reunião geralmente começa com conversas sobre generalidades, de modo a permitir conhecer uns aos outros antes de discutir o negócio.

- Há um equilíbrio entre querer ser o melhor e cuidar dos outros e da qualidade de vida.

- No contexto empresarial, há uma tendência para uma orientação ao curto prazo, com a manutenção de tradições e normas.

É importante entender esses vetores, pois eles acabam moldando a cultura das empresas, em especial nas organizações em que não há esforços e cuidados com a construção e manutenção de uma cultura que leve à visão de futuro pela criação de um ambiente em que mudanças necessárias são bem aceitas e inovações são buscadas.

Categorias de valores e os elementos culturais para colocá-los em prática

Devemos reconhecer que cada empresa tem sua própria cultura, tenha sido trabalhada conscientemente (o melhor caso) ou intrinsecamente formada das relações entre as pessoas que constituem a empresa (o caso mais comum).

Dado que a cultura organizacional pode ser moldada a partir de um conjunto de valores formalmente determinados, com esses valores desdobrados em atitudes (predisposições) e consequentes comportamentos (ações de indivíduos e grupos), o Conselho Consultivo pode atuar na definição desse "pacote" (valores, atitudes e comportamentos esperados, políticas e práticas), orientando, monitorando e ajustando a mudança cultura.

Patrick M. Lencioni, fundador e presidente de uma empresa californiana (EUA) especializada no desenvolvimento de equipes executivas, no artigo *Make Your Values Mean Something* (2002) publicado na Harvard Business Review, sugere que se trabalhe com quatro categorias de valores:

Valores Centrais (*core values*), os que refletem valores dos fundadores. São inerentes e sacrossantos, formando os princípios fundamentais de toda ação na organização.

Valores Aspiracionais, os necessários para o sucesso no futuro. Devem ser desenvolvidos para dar sustentação a uma nova estratégia ou para atender a uma mudança no mercado ou na indústria.

Permission to Play, os padrões sociais e comportamentais mínimos esperados de cada pessoa.

Refletem a cultura da região, e não geram elementos distintivos.

Valores Acidentais, emergem espontaneamente, sem que a liderança os cultive ou cuide. Refletem os interesses comuns dos colaboradores, podendo ser positivos ou negativos.

Terrence E. Deal e Allan A. Kennedy, em sua obra *Corporate Cultures: The Rites And Rituals Of Corporate Life* (1984), informam que a base da cultura corporativa é um conjunto de quatro elementos culturais interligados:

Valores – crenças compartilhadas sobre o que é realmente importante.

Heróis – pessoas que personificam os valores organizacionais.

Rituais e cerimônias – rotinas de interação com fortes qualidades simbólicas.

Rede de cultura – sistema informal de comunicação, que pode ser formado por:

Storytellers (contadores de história), que interpretam o que vêm acontecendo e criam histórias que podem ser passadas para iniciar as pessoas na (nova) cultura.

Gossipers (fofoqueiros), que colocam sua própria versão sobre eventos atuais e alimentam continuamente as pessoas com informações interessantes.

Whisperers (sussurradores), têm acesso ao ouvido de pessoas poderosas na organização. Podem ser usados por qualquer um com uma mensagem que quer ser levada ao topo, mas que não quer usar os canais formais de comunicação.

Spies (espiões), os que fornecem informações valiosas para a gestão de topo, e deixam que eles saibam o que realmente acontece no dia a dia.

Priests and priestesses (sacerdotes e sacerdotisas), os guardiões dos valores organizacionais. Conhecem a história da empresa de cabo a rabo e podem ser confiados para interpretar uma situação atual com base nas crenças, valores e práticas do passado da empresa.

O Conselho Consultivo e a mudança cultural

Com base nesse conhecimento, entendendo como a cultura da sociedade impacta na formação da cultura organizacional, que categorias de valores são importantes considerar na determinação dos valores que serão a base da cultura da empresa, e que elementos culturais podem ser acionados para difundir a cultura desejada por toda a organização, o Conselho Consultivo pode estabelecer um plano de ação para uma mudança cultural considerando os seguintes passos: (1) estabelecer um senso de necessidade e urgência, (2) criar um comitê de mudança cultural, (3) definir ou consolidar e comunicar uma visão de futuro (onde chegar) e um propósito (qual o legado), (4) empoderar pessoas para fortalecer a visão e o propósito (lembrar dos perfis da rede de cultura), (5) conquistar pequenos resultados rapidamente e (6) institucionalizar a mudança.

Para a consolidação e o reforço contínuo da nova cultura pode ser útil a criação de alguns instrumentos como, por ex., código de conduta, contrato de trabalho, rituais, reforço mútuo e exemplos dos líderes.

O Conselho Consultivo, atuando como um agente de mudança cultural, considerando tudo que aqui discutimos, mas não necessariamente se limitando a isso, tem em mãos os recursos e a isenção necessária para que a mudança aconteça.

Transformação da Sociedade por Meio dos Negócios

"Acredito que muitas pessoas supõem, equivocadamente, que uma empresa existe para fazer dinheiro. Embora isso seja uma consequência importante da existência de uma empresa, precisamos ir mais fundo e descobrir as razões reais de existirmos. À medida que examinamos o assunto, chegamos à conclusão de que um grupo de pessoas se reúne e existe como instituição, que chamamos de empresa, para realizar coletivamente algo que não seriam capazes de realizar individualmente - fazem uma contribuição à sociedade, uma frase que parece banal, mas é fundamental."

Dave Packard (em discurso aos funcionários em 1960)

Em algum lugar na década de 60 do século 20...

No ocidente, na Hewlett-Packard, mais conhecida pela sigla HP, empresa de tecnologia fundada em 1939 na hoje meca das empresas de tecnologia do mundo, a California, nos EUA, o país do modelo econômico capitalista em sua essência, um de seus fundadores, Dave Packard (o "P" de HP), em discurso aos funcionários já afirmava que "(...) uma empresa existe para fazer uma contribuição à sociedade (...)".

No oriente, empresas japonesas no pós 2ª Grande Guerra começaram a adotar práticas e métodos de gestão levados por consultores americanos (notadamente Deming e Juran), que foram sistematizados no modelo de gestão conhecido como *Total Quality Control* (TQC), no ocidente tratado como *Total Quality Management* (TQM). Esse modelo, consolidado no início da década de 1960, quando passou a ser adotado por empresas de outros cantos do mundo, tem em seus fundamentos a premissa de que "ganhar dinheiro" (ter lucro) é uma consequência de produzir e entregar produtos (bens ou serviços) com qualidade total. Tem ainda o conceito de "clientes" ampliado, pelo qual clientes são partes interessadas (*stakeholders*) dos negócios da empresa, no modelo tidos como os consumidores (dos produtos), os acionistas (fundadores, sócios, investidores), os funcionários e a sociedade.

Por que isso é relevante? Hoje, mais de sessenta anos após está na pauta de toda empresa séria a adoção de um Capitalismo Consciente, os objetivos ESG (de *Environment, Social and Governance*) impondo mais cuidados com os impactos ambientais e sociais e à governança da organização, e os ODS (Objetivos de Desenvolvimento Sustentáveis) elencados pela ONU com metas para 2030. Parece ser algo novo, uma nova forma de entender o papel das empresas e seus negócios, mas como podemos depreender do breve apanhado histórico, a consciência sobre a responsabilidade social das empresas já estava presente há décadas, com um alcance mais limitado às grandes empresas e ações pontuais de impacto limitado.

Neste início do século 21 essas questões ganharam um novo foco, se tornaram mais evidentes pela emergência da compreensão sobre a necessidade de uma produção e consumo responsáveis, de maior atenção ao desenvolvimento humano e de uma efetiva responsabilidade das empresas com questões éticas, legais e ambientais.

Capitalismo Consciente é um movimento global que ganhou força a partir de 2010, com a fundação do *Conscious Capitalism Inc.*, uma organização sem fins lucrativos, que reúne pessoas e empresas que acreditam numa nova prática para o capitalismo pela consciência de que deve gerar valor para todos. Uma premissa do Capitalismo Consciente é que negócios são bons porque criam valor, são éticos com base em trocas voluntárias, são nobres porque melhoram a existência humana e são heroicos porque tiram pessoas da pobreza e criam prosperidade.

A sigla **ESG** surgiu em 2005 quando Kofi Annan, então secretário da ONU, convidou as 50 maiores instituições bancárias e empresas do mundo para apresentar o relatório *Who Cares Wins* (Quem Cuida Ganha, numa tradução livre). A intenção foi encorajar a integração de critérios ambientais, sociais e de governança ao mercado de capitais, por meio de métricas para mercados altamente competitivos, considerando as necessidades de clientes, colaboradores, fornecedores e o meio ambiente, promovendo uma atuação ética e sustentável. Sustentabilidade, no caso, deve ser entendida como a capacidade de suprir as necessidades do presente sem comprometer as próximas gerações.

Portanto, a sustentabilidade vem da manutenção do lucro, de cuidados com o social e o meio ambiente.

ODS (Objetivos de Desenvolvimento Sustentável) são objetivos estabelecidos pelas Nações Unidas, uma chamada à atenção global para ações sobre questões de desenvolvimento social e econômico, incluindo pobreza, fome, saúde, educação, aquecimento global, igualdade de gênero, água, saneamento, energia, urbanização, meio ambiente e justiça social. A intenção é promover uma transformação da sociedade até 2030, daí passaram a ser conhecidos como Agenda 2030. Ao todo são 17 ODS, com metas amplas e interdependentes, cada uma com uma lista desdobrada de metas específicas a serem alcançadas, chegando a 169 alvos que atingidos indicam a realização de todos os 17 objetivos. Desses, podemos destacar alguns plenamente alinhados ao Capitalismo Consciente e aos objetivos ESG, para os quais empresas conscientes de qualquer porte podem contribuir diretamente:

- Igualdade de gênero (ODS 5)
- Trabalho decente e crescimento econômico (ODS 8)
- Redução das desigualdades (ODS 10)
- Consumo e produção responsáveis (ODS 12)
- Parcerias em prol das metas (ODS 17)

Capitalismo de Shareholders para Capitalismo de Stakeholders

Como vimos, o Capitalismo Consciente é um movimento que, para além do lucro, incita as empresas a buscarem causas e objetivos mais amplos, que impactem positivamente a humanidade. Para que isso possa ser colocado em prática é imprescindível que empresas obtenham lucro, afinal sem capital para investir em pautas ambientais e sociais ampliadas (que diretamente não geram lucro) nada será feito. Importante reconhecer isso, pois ainda há diversos grupos que não entendem que o CAPEX (*Capital Expenditure*) venha de onde vier, parte separada do lucro da empresa ou de novos aportes de capital de investidores, é que permite às empresas investirem em benefícios (devolução) à humanidade.

Assim, o Capitalismo de *Shareholders*, que preferencialmente remunera os acionistas (sócios e investidores), está dando lugar a um Capitalismo de *Stakeholders*, que além de remunerar o capital investido na empresa entrega benefícios a um conjunto maior interessados do negócio (os *stakeholders*). Com isso a empresa consciente, de que ao usufruir de recursos do planeta, entende que deve aplicar recursos e esforços em causas sociais (educação, melhoria nas condições de vida, etc.) e causas ambientais (melhor uso e preservação de recursos naturais).

Pilares de negócios conscientes

Por sua amplitude, dificilmente uma empresa de médio, e muito menos as de pequeno porte, terão condições de aderir e implementar ações que levem à uma ampla realização de metas do ESG e dos ODS. Diferentemente de empresas de grande porte, que acabam por definir estruturas internas com atuação focada nessas pautas, uma PME tende a não ter ou reservar recursos para tomar ciência e definir iniciativas para essas causas nobres. Mas então, como fazer? Esse é mais um papel que pode ser desempenhado por um Conselho Consultivo.

Para cumprir esse papel, é importante o Conselho Consultivo estar a par dos 4 Pilares dos Negócios Conscientes:

Propósito maior – que legado a empresa quer deixar para o mundo? O desenvolvimento humano por meio dos negócios inicia por uma compreensão ampla do "por que" a empresa existe. As empresas devem existir por razões além remunerar seus investidores com o lucro gerado, sendo este um recurso necessário para realizar seu propósito transformador.

Orientação para *stakeholders* – um negócio precisa criar valor com e para seus vários *stakeholders* (clientes, funcionários, fornecedores, investidores, comunidades, etc.), reconhecendo a natureza interdependente da vida e os fundamentos dos negócios.

Liderança consciente – empresas são criadas e dirigidas por líderes que têm uma visão de futuro e inspiram outras pessoas a seguir nessa jornada. Líderes conscientes adotam um propósito transformador para os negócios e se concentram na criação de valor e na harmonização das necessidades das partes interessadas (*stakeholders*) nos negócios. Eles reconhecem o papel integrador da cultura e cultivam intencionalmente uma cultura organizacional consciente.

Cultura consciente – explicitada pelo conjunto dos costumes e hábitos do dia a dia, reflexo dos valores e crenças que permeiam os negócios e conectam os *stakeholders* entre si e ao propósito da empresa. Embora cada uma tenha sua própria cultura, nem todas as empresas a desenvolvem consciente e intencionalmente de modo a orientar intenções e ações para a realização de seu propósito, sua missão e visão de futuro.

Fundamentado nesses 4 pilares o Conselho Consultivo pode assumir o papel de recomendar diretrizes e iniciativas que reforcem a reputação da empresa, pelo atingimento de metas específicas das pautas ESG e ODS a seu alcance, a partir de ações que a permita alcançar objetivos além do lucro, realizando um propósito maior, contribuindo com a transformação da sociedade.

E, sempre é bom lembrar de Adam Smith, filósofo que viveu no século 18, tido como "pai do capitalismo", crítico do mercantilismo (modelo que considera que a prosperidade de uma Nação ou Estado dependente do capital que acumula), defensor do liberalismo econômico (a não intervenção do Estado na economia, a livre concorrência e a propriedade privada). Smith defendia alternativas para a prosperidade econômica, dentre os pensamentos a ele atribuídos um que pode ser trazido aos dias atuais de busca por um Capitalismo Consciente é *"A grandeza de um homem não está na quantidade de riqueza que ele adquire, mas na sua integridade e na sua capacidade de afetar positivamente a vida dos outros"*.

Inovação e Transformação Digital

"Tudo que está no mundo da realidade já foi sonho um dia."

Leonardo da Vinci

Empresas de pequeno e médio porte, em geral, não têm especialistas em inovação e transformação digital, talvez nem mesmo pessoas com uma compreensão mínima para decidir por onde avançar nesses campos. Esse é mais um aspecto dos negócios em que contar com um Conselho Consultivo pode agilizar o aporte de conhecimento para uma tomada de decisão assertiva.

Para chegar a melhores decisões sobre oportunidades para inovar ou implementar uma transformação digital, primeiramente é preciso conhecer seus conceitos e compreender seus efeitos. Como ponto de partida, é importante entender que inovação e transformação digital não são a mesma coisa, uma não depende ou leva, necessariamente, à outra.

Sobre inovação

Inovação, uma *buzzword* na pauta de discussões dos negócios, é um termo para o qual não há uma única definição, e isso pode gerar incompreensão aos tomadores de decisão. De qualquer modo, as melhores definições existentes convergem entre si. Sendo assim, como pesquisador e especialista no tema, após uma compilação de diversas fontes, cheguei a seguinte definição: *inovação é a exploração bem-sucedida de uma ideia original útil*. Esclarecendo:

Útil – utilidade carrega consigo a percepção de algo que é demandado ou necessário. Isso permite diferenciar uma inovação de uma invenção. Uma inovação resolve um problema até então sem solução, ou habilita um trabalho a ser realizado. Uma invenção é fruto da curiosidade de um inventor (pesquisador) sem que ele tenha, necessariamente, a intenção de criar algo que possa ser aplicado à vida real.

Ideia original – é algo inédito, até então não pensado, não apresentado ao público ou não colocado em prática.

Exploração bem-sucedida – aqui há duas possibilidades, exploração comercial ou social. Ou seja, respectivamente, quando há compradores interessados na solução inovadora ou há benefícios à sociedade (como melhoria da qualidade de vida, com a solução de problemas sociais).

Ainda sobre inovação, além do entendimento de seu conceito, para uma melhor tomada de decisão, também é necessário conhecer seu escopo e seu impacto.

Quanto ao **escopo** há, pelo menos, quatro alvos que podem ser focados para inovação:

Processo (por ex., automação de linha de produção)

Produto – bem ou serviço (por ex., respectivamente, veículo elétrico voador [eVTOL] e inteligência artificial generativa [IA])

Modelo de Negócio (por ex., *marketplaces* integrados a lojas físicas)

Tecnologia (por ex., realidade virtual, *machine learning*)

Esses alvos não são excludentes, por ex., robôs (inovação de produto) utilizados na automação de uma linha de produção (inovação de processo), mas uma empresa que decide inovar em sua linha de produção não precisa criar os robôs, são negócios distintos que podem trabalhar em parceria.

Quanto ao **impacto**, também não há um único entendimento no ambiente de negócios, o importante é adotar uma definição que seja comum aos membros do conselho, executivos e colaboradores da empresa. Podemos pensar em dois movimentos de inovação quanto ao impacto: incremental e radical, com este último podendo ainda ser subdividido em inovação disruptiva e inovação de ruptura.

Inovação incremental, também conhecida como de sustentação, é aquela que tem um pequeno impacto sobre uma solução inovadora já disponível. Por ex., a criação de novos serviços (como UBER black, UBER eats,...) como um incremento à solução inovadora original (na UBER o serviço de acesso a motoristas particulares via aplicativo).

Inovação radical é aquela de grande impacto ao mercado, causando a surpresa de algo inesperado.

Uma **inovação radical disruptiva** dá origem a soluções que atendem a um público negligenciado pelas soluções disponíveis, porém com funcionalidades reduzidas e com facilidades de acesso (valor de aquisição, distribuição). São soluções de baixo risco para o inovador, por não exigirem grandes investimentos de capital e tempos reduzidos para sua ideação, validação e lançamento ao mercado. Por ex., o serviço Airbnb que disponibiliza cômodos (em residências particulares) ou casas para locação por tempo determinado, via plataforma web ou aplicativo de smartphone e pré-cadastro dos espaços para locação.

Uma **inovação radical de ruptura** é uma solução que quebra um paradigma, normalmente de alto risco, exigindo alto investimento financeiro e de tempo até sua disponibilização. Por ex., serviços de diagnósticos de saúde à distância, que exigem equipamentos e algoritmos específicos e transmissão segura de dados pela internet, entre outros fatores.

Transformação digital

Numa definição simples, a **transformação digital** é um movimento que permite às empresas obterem algum tipo de otimização em suas atividades ou negócios, aplicando soluções digitais.

De tempos em tempos o ambiente de negócios passa por transformações que mudam tudo do ponto de vista da competitividade das empresas e demandas do mercado. Estamos na 4ª revolução industrial, na era digital, com avanços tecnológicos como internet das coisas (IoT), big data, realidade aumentada (AR), realidade virtual (VR), impressão 3D, inteligência artificial (IA), metaverso e outros. Essas tecnologias criam um mundo de opções para as empresas atentas às alternativas, que podem torná-las mais competitivas facilitando seu rumo ao futuro.

Para aproveitar as oportunidades, além de identificá-las, as empresas devem colocar em curso uma jornada de transformação digital. Por exemplo, por meio de um aplicativo móvel, uma empresa pode facilitar o acesso dos clientes a um banco de dados com informações sobre um produto, ou conectá-los a pessoas ou fóruns de discussão, que possam esclarecer alguma dúvida ou ajudar a resolver um problema de uso.

Uma possibilidade para o Conselho Consultivo da empresa analisar a melhor forma de habilitar seu modelo de negócios à informação, tornando-o escalável, é refletir sobre o modelo 6D's (proposto por Peter Diamandis, da *Singularity* University) de crescimento exponencialmente:

Digitalização – Quando um bem ou serviço passa da forma analógica à digital, poderá crescer no mercado em ritmo acelerado. *A digitalização de músicas e filmes permitiu sua distribuição remotamente, com acesso praticamente imediato aos lançamentos.*

Decepção – A primeira versão de uma solução disruptiva pode ser decepcionante: de baixa qualidade, com funcionalidades limitadas,... *As primeiras câmeras fotográficas digitais tinham baixa resolução e eram caras.*

Disrupção – Momento em que a solução ganha qualidade e funcionalidades que a fazem passar a ser consumida pelo *mainstream* (mercado de massa, mercado principal). *A distribuição de músicas, filmes e livros em formato digital quebrou o monopólio das gravadoras, estúdios cinematográficos e editoras.*

Desmonetização – Novas tecnologias tornam abundante e barato o que antes era escasso e caro. *A fotografia digital eliminou a necessidade de gastos com filmes fotográficos e sua revelação.*

Desmaterialização – A digitalização torna desnecessário objetos físicos. *A armazenagem de dados em nuvem elimina a necessidade de computadores locais com dispositivos de armazenamento (HDs, SSDs) de alta capacidade.*

Democratização – O que era físico transformado em bits torna abundante, compartilhável e, até gratuito, o que antes era inacessível. *Serviços web como Flickr e Instagram tornaram o compartilhamento de imagens gratuito e democratizado.*

O Conselho Consultivo na inovação e na transformação digital

Entendido esses conceitos, fica evidente que inovação e transformação digital são movimentos distintos. Também deve estar claro que um processo de transformação digital numa empresa não exige que faça inovação, podendo ser acelerado por inovações de outras empresas fazendo uso de tecnologias já disponíveis.

O Conselho Consultivo, compreendendo os conceitos e como inovações ou uma transformação digital podem elevar a competitividade de empresa, com mente aberta (sem apego ao que a empresa já tem ou faz) e visão ampla sobre as opções existentes, pode realizar análises de oportunidade culminando na recomendação de inovações para a empresa e/ou sugerindo uma jornada de transformação digital.

Conselho Consultivo em Empresas Familiares

"O começo é a metade do todo."

Platão

A grande maioria das empresas brasileiras nascem familiares. Elas contribuem com mais da metade do PIB nacional e geram ¾ dos empregos. Contudo, em torno de 70% não sobrevivem à geração do fundador, e apenas 5% chegam à 3ª geração. (fontes: SEBRAE e IBGE, set/2021)

Pesquisas mostram que as causas são diversas, entre elas o não tratamento adequado a questões de sucessão e a não profissionalização da gestão. Como melhorar isso? Aqui está mais um papel que pode ser desempenhado por um Conselho Consultivo como um órgão de governança, apoiando o(s) fundador(es), sucessores e executivos nessas questões críticas para o futuro da empresa.

Os três subsistemas da empresa familiar

Uma empresa familiar tem algumas características bem específicas que impactam sua administração e tomada de decisão. Uma forma de entender uma empresa familiar é o modelo dos Três Círculos do Sistema de Empresas Familiares (*The Three-Circle Model of the Family Business System*), desenvolvido por Renato Tagiuri & John Davis (1978).

Tagiuri & Davis definem que "uma empresa familiar é aquela cuja propriedade é controlada por uma única família e onde dois ou mais membros da família influenciam significativamente a direção e as políticas do negócio, por meio de seus cargos de gestão, direitos de propriedade ou funções familiares". Entre seus atores estão: membros da família sócios na empresa, alguns atuantes nos negócios outros não; sócios de fora da família, alguns atuantes na empresa outros não; familiares não sócios funcionários na empresa.

Nesse modelo, há três subsistemas (os três círculos) independentes: Empresa, Família e Propriedade. São subsistemas que se interrelacionam, com maiores ou menores áreas de intersecção e interação, conforme novas gerações vão assumindo papéis nos negócios da família. Na 1ª geração, a do(s) fundador(es), há uma sobreposição entre os subsistemas empresa e propriedade. Na 2ª geração, familiares herdeiros passam a atuar na empresa, com participação na operação e/ou na gestão de processos em nível intermediário. Na 3ª geração, a segunda geração passa a assumir a gestão dos negócios, membros da terceira geração e profissionais não familiares entram na empresa.

Cada uma das três gerações tem características, vícios e riscos específicos, que o Conselho Consultivo deve considerar para ter uma atuação assertiva em seu papel de governança:

1ª geração – o(s) fundador(es) mantêm total controle sobre a empresa, com a centralização de sua gestão e tomada de decisão. O foco está no crescimento, na produção e na rentabilidade. A cultura da empresa reflete os valores e crenças do(s) fundador(es). Questões como sistematização da gestão, estratégia, orçamentação, governança, ordem jurídica e separação das despesas familiares dos custos operacionais ficam em segundo plano. Há uma inerente ansiedade e insegurança sobre se vai dar certo.

2ª geração – com a empresa em expansão há uma demanda por colaboradores, membros da família começam a entrar na empresa. Decisões ainda são centralizadas, com eventual delegação de poder. Ficam em evidência os fiéis escudeiros do(s) fundador(es), funcionários que estão na empresa desde seu início, leais e confiáveis. Aspectos sobre sucessão ou profissionalização são temas tabu, ficando nas sombras. Pode haver disputas entre irmãos pela preferência do(s) fundador(es).

3ª geração – fica em evidência a dor do crescimento. A segunda geração tende a assumir a gestão da empresa, podendo haver supervisão do(s) fundador(es). Há experimentos e conflitos sobre o modelo de gestão. Pode ocorrer ascensão dos fiéis escudeiros sobre os membros da segunda e terceira gerações. Há risco de obsolescência e acomodação ("sempre fizemos assim e deu certo"). Podem surgir desentendimentos e conflitos entre familiares.

A cultura da empresa familiar

Para além da geração de valor econômico, uma empresa familiar também precisa dar atenção a valores culturais, de modo a preservar a empresa para os sucessores e realizar seu propósito deixando um legado para a sociedade. A cultura nacional é um componente, não determinante, mas importante na formação da cultura organizacional.

Nesse sentido, outro modelo que o Conselho Consultivo pode fazer uso para melhor entender as relações de poder, tomada de decisão e ações administrativas é o Modelo de Interpretação da Ação Cultural Brasileira, proposto por Betânia Tanure de Barros & Marco Aurélio Spyer Prates (1996). A premissa básica desse modelo é que a empresa, além de ser vista como uma unidade econômica, deve ser entendida como uma unidade sociocultural que expressa no conjunto de suas relações uma série de valores, estruturas e processos vigentes na cultura e na sociedade brasileira, e isso impõe um estilo de conduzir as organizações.

O sistema de ação cultural brasileira, segundo Tanure & Prates, está estruturado em quatro grandes subsistemas: o institucional, o pessoal, o dos líderes e o dos liderados. No subsistema institucional são encontrados traços culturais do espaço da "rua", no subsistema pessoal há traços do espaço da "casa", no subsistema dos líderes os traços culturais são os dos que detém o poder, e no subsistema dos liderados estão presentes traços culturais encontrados nos subordinados.

Esses conjuntos de traços culturais podem se sobrepor com maior ou menor intensidade. Os quatro subsistemas (institucional, pessoal, dos líderes e dos liderados) apresentam interseções entre si, encontrando-se traços culturais comuns a ambos. São quatro interseções caracterizadas pela concentração de poder, pelo personalismo, pela postura de espectador e pelo evitar conflito. Na sociedade brasileira:

- Há uma cultura de concentração de poder baseada na hierarquia/subordinação.

- Pelo traço cultural do personalismo, se dá mais valor ao grupo de "pertença" do que ao indivíduo. A referência para a decisão é a importância ou a necessidade da pessoa envolvida na questão, sobrepondo-se às necessidades do sistema no qual a questão está inserida.

- Pela postura de espectador, com baixa consciência crítica e baixa iniciativa, há pouca capacidade de realização, consequentemente, ocorre transferência de responsabilidade de problemas para as lideranças.

- Com uma atitude de evitar conflito, são usadas soluções indiretas (triangulações) entre os divergentes, buscando-se um terceiro que mantenha boas relações pessoais com ambos os polos. Este traço cultural está muito mais presente no sentido liderado-líder.

Esses subsistemas também estão articulados por traços culturais especiais, formados pelas interrelações entre os quatro subsistemas anteriormente descritos e suas intersecções. Em última análise, são os responsáveis pela não ruptura do sistema como um todo. Esses traços são:

- Paternalismo – há um egocentrismo dependente, com a construção de um capital social baseado nas relações de poder.

- Formalismo – existe uma discrepância entre a conduta concreta e as normas prescritas.

- Impunidade – há alto grau de tolerância quando acontece algo com alguém do grupo.

- Flexibilidade – o convívio com a hierarquia se dá num ambiente de igualdade de fato.

- Lealdade às Pessoas – tem na atração pessoal seu mais forte elemento de coesão social, sem esquecer da atração pelo prestígio do grupo.

Esses aspectos da cultura nacional, refletida na cultura organizacional, influenciam o processo de decisões estratégicas sobre os negócios. O Conselho Consultivo que entende essas nuances terá mais sucesso em sua atuação com empresas familiares, chegando a aconselhamentos e recomendações mais assertivas.

O Conselho Consultivo na empresa familiar

Saber o que fazer não é o suficiente, é preciso saber por que fazer, como, com quem e quando. Um plano de ação bem elaborado e acordos, validados, encaminham essas questões. Também é importante alcançar, mostrar e celebrar resultados.

O Conselho Consultivo de uma empresa familiar deve compreender objetivamente quais são as demandas, suas origens e fatores de influência, reconhecendo que cada empresa é única e que irá lidar com questões de ego, poder e dinheiro. Portanto, precisa mapear o DNA da empresa familiar para poder atuar com sensibilidade, habilidade e equilíbrio.

Com esse conhecimento em mãos, o conselho deve estabelecer um plano de ação, explicitando os impactos e as consequências esperadas. Esse plano precisa ser validado, com a celebração de acordos e a comemoração de avanços e primeiros resultados. Esse é um processo que deve evoluir sem interrupções ou retrocessos.

Assim, o Conselho Consultivo atuando na empresa familiar será um fórum adequado no trato de demandas de governança, sucessão e propriedade

Conclusão

Há um mundo de oportunidades para as empresas de pequeno e médio porte que compreenderem o valor de contar com um Conselho Consultivo, como órgão de governança, afastando da liderança de topo o sentimento de solidão pelo isolamento na tomada de decisão sobre o futuro. Uma decisão colegiada sempre é de melhor qualidade, com maiores chances de estar certa.

Por governança, tirando o peso que essa palavra possa representar para alguns, devem ser entendidas as atividades de apoio ao fundador(es), sócios e executivos da empresa, em questões críticas para os negócios. Em especial com um olhar para frente, para o rumo a seguir com sustentabilidade e ganhos de competitividade, mas sem deixar de validar ações passadas que a trouxeram até aqui e, por outro lado, sem ficar restrito a elas ("sempre fizemos assim, e deu certo").

Vivemos tempos de extrema incerteza, com ciclos cada vez mais curtos entre períodos de prosperidade e retração econômica. A dinâmica do ambiente de negócios, de disputas pela mente e bolso dos clientes, mudou e continuará mudando de modo acelerado.

As empresas não podem ficar à mercê dos humores do mercado, precisam tomar a dianteira e se manter à frente no cenário de competição. Precisam incorporar ao dia a dia da operação uma visão estratégica, com percepções para além do alcance dos olhos e ouvidos, isenta de paixões e saudosismos, e ousadia com responsabilidade.

Um Conselho Consultivo cumpre com mestria esse papel, junto aos empresários e executivos da empresa, ao instigar, desafiar e oxigenar as ideias sobre os negócios, aportando novos conhecimentos, fazendo conexões, agindo com tranquilidade e convicção, fundamentado em fatos, dados e *insights* perspicazes.

Dentre os principais benefícios que uma empresa tem a ganhar com uma Governança Proativa, implementada por meio de um Conselho Consultivo, estão:

- Mais assertividade na tomada de decisões estratégicas
- Aprimoramento da gestão dos negócios, fortalecendo sua competitividade e sustentabilidade
- Identificação, análise e mitigação de riscos
- Alinhamento de interesses entre sócios, minimizando potenciais conflitos
- Ampliação da percepção de valor pelo mercado
- Facilitação do acesso a recursos financeiros

Quanto mais diversificados forem os membros do conselho melhores serão suas entregas. Profissionais experimentados, em segmentos e áreas de negócio distintos dos da empresa, com profundo conhecimento em funções empresariais diversas, especializados em desenvolvimento de estratégias, de inovação, de transformação digital, de mudança cultural, e outras, fazem a diferença. Também é importante que tenham um perfil generalista em áreas fora de suas competências específicas, e na mesma dose nexialistas de modo a fazerem todas as conexões possíveis em benefício da empresa.

Rumo ao futuro

Chegamos ao fim desta obra, que apresentou o Conselho Consultivo, seu funcionamento e benefícios que pode gerar para as empresas. Torço e espero que tenha sido apenas um início, um gérmen que promova a revolução dos Conselhos Consultivos no aconselhamento e recomendações às empresas de pequeno e médio porte, gerando valor sem igual para aquelas que ousarem contar com esse órgão de Governança Proativa.

Que a força esteja com as empresas de pequeno e médio porte. Vida longa e próspera!

BIBLIOGRAFIA

BARROS, Betânia Tanure e PRATES, Marco Aurélio Spyer. O estilo brasileiro de administrar. São Paulo: Atlas, 1996.

BOTTONE, Alfredo. Relacionamento e decisões colegiadas. Board Academy BR, 2023.

CAMPOS, André. Inovação, transformação digital e uso de novas tecnologias. Board Academy BR, 2023.

CASAL, Christian and CASPAR, Christian. *"Building a forward-looking board"*. McKinsey & Company. *February* 1, 2014.

CHRISTENSEN, Clayton M. O Dilema da Inovação: quando as novas tecnologias levam empresas ao fracasso. MBooks, 2011.

COLLINS, James and PORRAS, Jerry. "Construindo a Visão da Empresa". HSM Management, março-abril 1998.

COLLINS, James. Empresas Feitas para Vencer. Rio de Janeiro: Campus, 2001.

CONN, Charles and MCLEAN, Robert. *"Six problem-solving mindsets for very uncertain times"*. McKinsey & Company. *September* 15, 2020.

CONTADOR, José Helio. Liderança e estrutura organizacional. Board Academy BR, 2023.

COVEY, Sean; HULING, Jim and MCCHESNEY, Chris. *The 4 Disciplines of Execution: Achieving Your Wildly Important Goals*, USA: Free Press, 2012.

DEAL, Terrence E. and KENNEDY, Allan A. *Corporate Cultures: The Rites and Rituals of Corporate Life*. USA: Basic Books, 1984.

GALO, Fabrini Muniz. Aspectos jurídicos e societários. Board Academy BR, 2023.

GIERLICH, Udo Kurt. Conselhos em empresas familiares. Board Academy BR, 2023.

GOMES, Eduardo. Conselhos de alto impacto e visão de futuro. Board Academy BR, 2023.

GOMES, Eduardo. Fundamentos da governança corporativa. Board Academy BR, 2023.

HESS, Cida. Finanças para conselhos. Board Academy BR, 2023.

HOFSTEDE, Geert. *The 6-D model of national culture.* Disponível em: https://geerthofstede.com/culture-geert-hofstede-gert-jan-hofstede/6d-model-of-national-culture/. Acesso em: 21 de junho 2023.

IBGC (Instituto Brasileiro de Governança Corporativa). Agenda Positiva de Governança. Disponível em: https://www.agendapositivadegovernanca.com/. Acesso em: 27 de julho de 2023.

IBGC (Instituto Brasileiro de Governança Corporativa). Código de Melhores Práticas de Governança Corporativa / Instituto Brasileiro de Governança Corporativa – 6ª ed. - IBGC - São Paulo: IBGC, 2023.

INSTITUTO CAPITALISMO CONSCIENTE Brasil. Movimento global do capitalismo consciente. Disponível em: https://ccbrasil.cc/sobre/. Acesso em: 27 de junho 2023.

JOHNSON, Mark. *Seizing the White Space: Business Model Innovation for Growth and Renewal.* USA: Harvard Business Press, 2010.

JOHNSON, Mark; KAGERMANN, Henning & CHRISTENSEN, Clayton. *"Reinvente seu modelo de negócios"*, HBR Brasil, 2015.

KAPLAN, Robert and NORTON, David. *"Mastering The Management System"*. Harvard Business Review, *January* 2008.

KAPLAN, Robert and NORTON, David. *"The Balanced Scorecard - Measures that Drive Performance"*. In: Harvard Business Review, *January-February* 1992.

KIM, W. Chan e MAUBORGNE, Renée. A Estratégia do Oceano Azul: como criar novos mercados e tornar a concorrência irrelevante. Rio de Janeiro: Elsevier, 2005.

KIM, W. Chan e MAUBORGNE, Renée. "Tudo azul". HSM Management, novembro-dezembro 2005.

LENCIONE, Patrick M. *"Make Your Values Mean Something"*. Harvard Business Review, *July* 2002.

LEVITT, Theodore. *"Marketing Myopia"*. Harvard Business Review, *September-October* 1975.

LIMA, Diogenes. Planejamento estratégico, gestão de riscos e tomada de decisão. Board Academy BR, 2023.

LINDGREN, Mats and BANDHOLD, Hans. *Scenario Planning: the link between future and strategy*. USA: Palgrave Macmillan, 2009.

MAGRETTA, Joan. *Understanding Michael Porter: the essential guide to competition and strategy*. USA: Harvard Business Review Press, 2011.

MARIANO, Rodrigo. Resultados, performance e metas econômico-financeiras. Board Academy BR, 2023.

MEDINA, Daniel. Estratégia de comunicação corporativa. Board Academy BR, 2023.

NAÇÕES UNIDAS Brasil. Objetivos de Desenvolvimento Sustentável (ODS). Disponível em: https://brasil.un.org/pt-br/sdgs. Acesso em: 27 de junho 2023.

OSTERWALDER, Alexander. "O 'Canvas' do Modelo de Negócio". HSM Management, julho-agosto 2013.

OSTERWALDER, Alexander and PIGNEUR, Yves. *Business Model Generation: a handbook for visionaries, game changers, and challengers*. USA: John Wiley & Sons, 2010.

PACTO GLOBAL Rede Brasil. Entenda o significado da sigla ESG (Ambiental, Social e Governança) e saiba como inserir esses princípios no dia a dia de sua empresa. Disponível em: https://www.pactoglobal.org.br/pg/esg. Acesso em: 27 de junho 2023.

POPCORN, Faith e HANFT, Adam. Dicionário do Futuro: as tendências e expressões que definirão o nosso comportamento. Rio de Janeiro: Campus, 2002.

POPCORN, Faith. "Do Casulo às 99 Vidas". HSM Management, setembro-outubro 1998.

PORTER, Michael. Estratégia Competitiva: técnicas para análise de indústrias e da concorrência. Rio de Janeiro: Campus, 1986.

PORTER, Michael. "O que é Estratégia?". Harvard Business Review, novembro-dezembro 1996.

PÓVOA, Francine. ESG – Capitalismo consciente & sustentabilidade. Board Academy BR, 2023.

PRAHALAD, C. K. and VENKAT, Ramaswamy. *The Future of Competition: Co-Creating Unique Value with Customers*. USA: Harvard Review Press, 2004.

RIES, Eric. A startup enxuta: como os empreendedores atuais utilizam a inovação contínua para criar empresas extremamente bem-sucedidas. Lua de Papel, 2012.

RINGLAND, Gill. *Scenario Planning: managing for the future*. USA: John Wiley and Sons, 1998.

SCHWARTZ, Peter. "O Futuro Já Chegou". HSM Management, maio-junho 2000.

SCHWARTZ, Peter. *The Art of the Long View: planning the future in an uncertain world*. USA: Currency Doubleday, 1996.

SCHWARTZ, Peter. Cenários: as surpresas inevitáveis. Rio de Janeiro: Campus, 2003.

SILVA, Mara. Deveres, papéis e responsabilidades dos conselhos consultivos. Board Academy BR, 2023.

SIMONATO, Marcelo. Cultura e propósito nas empresas. Board Academy BR, 2023.

SUROWIECKI, James. A sabedoria das multidões. Rio de Janeiro: Record, 2006.

TAGIURI, Renato and DAVIS, John. *"The Three-Circle Model of the Family Business System"*. Harvard Business School, 1978.

TED Talks. Simon Sinek, *How great leaders inspire action.* Disponível em: https://www.ted.com/talks/simon_sinek_how_great_leaders_inspire_action?subtitle=pt-br. Acesso em: *June* 21, 2023.

VAN DER HEIJDEN, Kees. *Scenarios: the art of strategic conversation.* USA: John Wiley and Sons, 1997.

VILLAÇA, Andrea. Ética & compliance. Board Academy BR, 2023.

VON HIPPEL, Eric; THOMKE, Stefan and SONNACK, Mary. *"Creating Breakthroughs at 3M"*. Harvard Business Review, *September-October* 1999.

WELLS, Stuart. *Choosing the Future: the power of strategic thinking.* USA: Butterworth-Heinemann, 1998.

WUNKER, Stephen; WATTMAN, Jessica and FARBER, David. *Jobs to Be Done: a roadmap for customer-centered innovation.* Amacom, 2016.

SOBRE O AUTOR

Robin Pagano

Nascido em São Paulo, SP, em 1959, formou-se em Engenharia Elétrica, habilitação Eletrônica, na PUCRS, em 1982. Trabalhou como engenheiro de desenvolvimento e assumiu cargos gerenciais em empresas, nacionais e uma multinacional, da área de tecnologia da informação, renomadas líderes de mercado (Edisa, HP e Digirede) fabricantes de computadores e seus complementos.

De sua bem-sucedida atuação como gestor, à frente de áreas de desenvolvimento, de produção e de serviços pós-venda, percebeu uma oportunidade para atuar com consultoria em gestão empresarial. Em 1994, partiu para esse desafio, ingressando no Mestrado em Engenharia de Produção, na UFRGS, já iniciando atividades de consultoria. Em 1995 foi convidado a atuar pelo Centro de Gestão Empresarial (CGE) da Fundação CERTI (Centros de Referência em Tecnologias Inovadoras), em Florianópolis, SC, de onde saiu em 1997 para fundar, em conjunto com outros colegas, sua primeira empresa de consultoria. Em meados de 1998 resolveu partir para novo desafio, retornando para Porto Alegre, RS, fundando, com outros dois sócios, a Intelligentia Assessoria Empresarial, sendo seu CEO e pela qual tem exercido suas atividades profissionais como pensador, pesquisador, palestrante, educador corporativo, professor de pós-graduação, mentor e consultor nas áreas de estratégia, gestão e inovação.

Ao final de 2015, deu início a uma nova iniciativa de negócio, uma *spin-off* da Intelligentia, a Star2Up com foco de atuação no segmento das startups e empreendimentos inovadores, atuando consultor e mentor em empreendedorismo de inovação.

Em 2023, optou por um novo encaminhamento em sua atuação profissional, focando agregação de valor à sociedade, pela atuação em Conselhos Consultivos e Mentoria de Negócios, obtendo certificações em cada uma dessas áreas de atividade.

Como consultor tem atuado com empresas privadas dos mais diversos portes e setores da economia: manufatura, serviços, comércio e agronegócio, além de organizações públicas. Dentre as atividades realizadas estão workshops de formulação estratégica e atividades de avaliação e mudança organizacional, sistematização da gestão (estratégica e operacional), avaliação, padronização e análise de processos e desenvolvimento e inovação de produtos e modelos de negócio.